Heinrich Preschers

Katechismus der Sittenlehre für das Landvolk

Dritte Auflage

Heinrich Preschers

Katechismus der Sittenlehre für das Landvolk
Dritte Auflage

ISBN/EAN: 9783744703062

Hergestellt in Europa, USA, Kanada, Australien, Japan

Cover: Foto ©ninafisch / pixelio.de

Weitere Bücher finden Sie auf **www.hansebooks.com**

Katechismus der Sittenlehre für das Landvolk.

Dritte ächte Auflage

Frankfurt am Mayn,
bey J. L. Eichenbergs seel. Erben.
1776.

Bist du weise, so bist du Dir weise.

Sprüchw. Salom. Kap. IX, 12.

Vorrede.

Den moralischen Katechismus, welchen ich hiermit dem Publikum vorlege, hab ich aus einer so reinen Absicht geschrieben, daß ich die Bekanntmachung desselben weder einem Freunde, der mir ihn entwendet, noch einem Gönner, der mir ihn abgefordert hätte, zur Last zu legen brauche. Ich gestehe vielmehr offenherzig, daß ich ihn freywillig und ganz aus eigenem Antriebe, dem Druck übergebe. Der Endzweck der meisten Vorreden fällt also hier weg.

Ich schreibe auch blos eine, um mir von meinen Lesern zwo Gefälligkeiten auszubitten. Die eine ist, daß sie dieses Buch vergessen, wenn es ihnen nicht gefällt. Doch diese werden sie mir von selbst gewähren. Die andere ist, daß sie mir, wenn ihnen meine Arbeit nützlich scheint, mit ihren tiefern Einsichten zu Hülfe kommen. Wenn sie sich Pflichten denken, die ich zu berühren vergessen habe; wenn sie deutlichere und faßlichere Gründe wissen, als diejenige sind, auf welche mein alter Freund seine Lehren baute; wenn sie mir bestimmtere und bessere Ausdrücke, interessantere Vorstellungen, angenehmere und leichtere Verbindungen angeben können; kurz, wenn sie etwas beytragen können, diesen Katechismus nützlicher und vollkommner zu machen; so bitte und beschwör ich sie, bey der Menschenliebe und Tugend, welchen diese Arbeit gewidmet ist, daß sie mir ihre Hülfe und ihren Rath nicht versagen.

Ein-

Einleitung.

Ich hielte mich, vor einigen Jahren auf dem Landgut eines meiner Freunde auf, und noch nie hab ich ein so vollkommnes und so reines Vergnügen empfunden, als damal. Die Ruh, die ich genoß, die reine Luft, die ich athmete, die Verschiedenheit der ländlichen Scenen, die ich immer vor Augen hatte, alles dieses verbreitete über meine Seele eine Heiterkeit, und erfüllte mich mit einem Gefühl der Freude, welches dem ganz gleich kam, das unsre liebenswürdigsten Dichter, in ihren schwärmerischen Beschreibungen des Landlebens, versprechen. Was mich aber am meisten rührte, und dabey nicht wenig befremdete, war, daß ich unter den Menschen, welche ich dort antraf, zugleich auch eben die Einfalt der Sitten, eben die Unschuld und Rechtschaffenheit fand, die man sonst blos für die Vorrechte des goldenen Zeitalters hält, und zu welchen man in unsern Tagen der menschlichen Natur kaum noch eine Fähigkeit zutraut.

Friede, Arbeitsamkeit, Treue, Geselligkeit, Dienstfertigkeit, selbst Freundschaft herrschte überall, und alle diese Tugenden erhielten, durch eine gewisse Rauhigkeit der Sprache und der Lebensart, für mich einen desto grössern Reiz, je mehr ich dadurch überzeugt wurde, daß sie aus dem Herzen flossen, und ein edles Gefühl, nicht blos die Begierde zu gefallen, oder den verborgenen Stolz zum Grunde hatten, welcher in der feinern Welt, uns noch allein, den geringen Schein von Tugend erhält, welchen wir übrig haben.

Ein solcher Anblick war mir indessen zu neu, und zu unerwartet, als daß ich nicht auf die Hand hätte aufmerksam seyn sollen, welche hier die menschliche Natur so verschönerte, und in dem niedrigsten Stande so vorzüglich adelte. Ich war nicht so ungerecht gegen die menschliche Natur, wie einige unsrer neuen schönen Geister in ihren Schriften zu seyn pflegen, und hielt es eben nicht für ein Wunderwerk, Menschen zu sehen, welche die Tugend lieben, zu welcher sie doch geschaffen sind, und die sie allein glücklich machen kann. Aber so schwärmerisch war ich auch nicht, mich zu überreden, daß die Natur, die ohne Kunst und Fleiß weder Hayne noch Felder schmückt, hier die menschlichen Herzen, die noch weit leichter als Felder und Hayne auszuwarten pflegen, ohne allen Beystand der Kunst, zu einem solchen Grade der Vollkommenheit und Schönheit erheben

heben sollte. Ein Zufall entdeckte mir bald die Hand, welche hier, zur Ehre der Menschheit, so geschäftig gewesen war.

Mein Freund hatte auf seinem Gut einen alten Verwalter, in dessen Umgang ich bald spürte, daß er zu dem Stande nicht gebohren war, in welchem er sich befand. Ein gewisses edles und feines Betragen, die Reinlichkeit und Nettigkeit seines Ausdrucks, eine geläuterte und von Vorurtheilen freyere Denkungsart, Kenntnisse in der Weltweisheit, den schönen Wissenschaften, und einigen alten und neuen Sprachen, und kurz, sein ganzes Wesen verrieth eine feinere Erziehung, und eine Jugend, die nicht unter dem Schweiße der ländlichen Arbeit zugebracht worden war; sein Umgang ersetzte mir die Vergnügen, welche wir Stadtleute meist auf dem Land, unter lauter ungebildeten, wenigstens nicht zu der uns gewöhnlichen Lebensart gebildeten Menschen, entbehren müssen, und meine Ehrfurcht und meine Liebe gegen diesen rechtschaffnen und verständigen Alten, machten uns bald zu Freunden.

Ich hatte ihm oft in unsern Unterredungen meine Verwunderung über die Sitten, und das ganze Betragen der Einwohner dieses Landguts und des daranstoßenden Dorfs, zu erkennen gegeben. Er lenkte aber immer die Unterredung auf etwas anders. Einst, da ich, nach unsrer Vertraulichkeit, unvermuthet in sein Zimmer tratt, fand ich ihn mitten unter einer Gesellschaft von Kindern, welche um ihn herum saßen, und auf etwas aufzumerken schienen, das er ihnen erzählte. Ich wollte mich wieder wegbegeben; allein er rief mich mit seinem freundschaftlichen Lächeln zurück. Verachten Sie unsre kleine Schule nicht, sagte er, und bleiben Sie, weil Sie mich doch einmal erschlichen haben.

Nie hab ich in meinem Leben einen ehrwürdigern Anblick gesehen, als damal. Mein grauer Freund saß unter seinen jungen Zuhörern, wie etwa Sokrates unter seinen Schülern in den Werkstätten und Buden zu Athen gesessen haben mag. Freundlichkeit, und ein gewisser majestätischer Ernst stund in allen seinen Zügen. Man hätte glauben sollen, er wäre der Vater dieser zahlreichen Familie, so liebreich blickte er auf sie herab. Die Kinder, alle zu den so verachteten, so niedern Scenen des Lebens bestimmt, saßen in ihren schlechten Kleidern um ihn her. Es herrschte unter ihnen eine solche aufmerksame Stille, daß sie mich ehe nicht gewahr wurden, bis mein Freund sich unterbrach und mir zurief, näher zu treten. Die kleinen Zuhörer meines Freundes schienen misvergnügt, daß ich sie gestört hatte, und kaum hatte ich mich bey einigen erwachsenen Männern, die ich da gewahr wurde, niedergesetzt, so wendeten die Kinder wieder alle ihre
Augen

Augen auf ihren grauen Lehrer, eben als ob sie mit ihren Blicken die Fortsetzung seines Gesprächs erbitten wollten. Ich durchlief mit einem Blicke diese kleine Gesellschaft, und erstaunte über die gefühlvolle Ehrfurcht, die sich auf ihren Gesichtern ausdrückte, und über die Reinlichkeit ihres Anzugs, die ich sonst immer in den Schulen auf dem Lande so ungern vermißte, und die mir hier deutlich genug bewies, wie sorgfältig die Eltern dieser Kinder seyn müßten, alles zu vermeiden, was meinem Freunde seinen Unterricht unangenehm oder beschwerlich machen könnte. Die Männer, bey welchen ich saß, hatten mir mit einer gewissen gefälligen Dienstfertigkeit Platz gemacht, die das Ansehn hatte, als ob sie es mir zu keinem geringen Vortheil anrechneten, daß ich dieser Gesellschaft beywohnen durfte, und der eine sagte mir, da wir uns niedersetzten, halb laut: Da, setz er sich her! sitz er aber auch hübsch stille, daß wir zuhören können. Auch ohne diese treuherzige Erinnerung würde ich gewiß stille gesessen haben; denn alles, was ich sah, war mir so neu und so wunderbar, daß alle meine Aufmerksamkeit rege wurde.

Da wir saßen, setzte mein Freund seinen Unterricht fort. Er sprach eben damal mit seinen Zuhörern von dem Ursprunge der Gesetze. Ich merkte bald, daß mein Freund bey seinen Schülern diejenige Lehrart anwendete, wodurch die Tugend den Menschen interessant und liebensbenswürdig gemacht wird, und wodurch sie unauslöschlich in ihre Herzen eingeschrieben werden kann. Alle seine Lehren und seine Ermahnungen giengen blos dahin, zu zeigen, wie unzertrennlich der Vortheil eines jeden mit der Ausübung der Pflichten verbunden ist, die wir auf uns haben. Sein Vortrag war dabey so einfach, sein Ausdruck so ungekünstelt, seine Begriffe so leicht, seine Beweise so sinnlich, daß ihn seine Zuhörer ohne Mühe verstehen konnten. Er wußte ihre Herzen so einzunehmen, und ihre Neugierde so künstlich, durch kleine Erzählungen und Beyspiele, die sich unter den Augen der Kinder zugetragen hatten, oder die sie sonst leicht einsehen konnten, zu reizen, daß er in den Kindern die Achtsamkeit und Begierde nach seinem Unterricht immer erhielt, und daß sie immer unzufrieden waren, wann er schloß.

Es gieng mir, wie den Schülern meines Freundes. Die Sittenlehre war immer der Hauptgegenstand meiner Betrachtungen. Ich hatte die meisten alten und neuen Weltweisen über diese Wissenschaft gelesen, ich hatte mir selbst eine Art von einem Lehrgebäude gemacht, und alles, was mein Freund vortrug, war mir längst bekannt; allein, ich weiß nicht, wie es kam, hier schien mir alles neu. Die Wahrheit, die sich hier, entkleidet von dem Zwange der Demonstration und dem Schmucke der Redekunst, vor meinen Augen zeigte, drang

tiefer

tiefer in mein Herz; sie überzeugte mich mehr in ihrer natürlichen Einfalt, und gefiel mir in ihrer kunstlosen Sprache besser, als jemal. Ich weiß nicht, ob der Vortrag meines Freundes ihr diese Reize gab, oder ob sie dadurch gewann, weil sie hier nicht im Allgemeinen stehen blieb, und weil hier Gründe und Folgen enge beysammen lagen, und nicht, wie in unsern künstlichen Beweisen, durch so viele Zwischensätze von einander entfernt waren.

Es sey aber, wie ihm wolle! ich wurde gerührt, und war unzufrieden, daß mein Freund seinen Unterricht so bald endigte. Da die Kinder und die Männer, die in der Schule saßen, Abschied genommen hatten, nahte ich mich meinem Freunde, und ich konnte mich nicht enthalten, ihn mit den Thränen der Rührung zu umarmen, die mir der Gedanke, von den vortreflichen Wirkungen dieser kleinen Versammlung auspreßte.

O bester Mann! sagte ich in einer kleinen Entzückung, wie viel Gutes stiften Sie nicht hier! Warum haben Sie mir dieses Vergnügen so lange misgönnt, und warum muß ich es einem bloßen Zufalle schuldig seyn? Mein Freund entschuldigte sich. Er hätte, sagte er, nicht geglaubt, daß ich, bey meiner Neigung zu der Weltweisheit, an solchen Kleinigkeiten ein Vergnügen finden könnte. Ich hatte nicht Verleugnung genug, meinen Freund
mer-

merken zu lassen, wie sehr mich diese seine Sitt̅samkeit demüthigte. Ich antwortete, daß ich doch aus diesen Kleinigkeiten, wie er sie nennte, begreifen könnte, woher die Unschuld und die Reinlichkeit der Sitten entstünde, die ich so oft an den Leuten, unter welchen er wohnte, beobachtet hätte. Ich sehe sie, setzte ich hinzu, ohne alle Uebertreibung, für den Nachahmer des Apolls an, der von dem Himmel gestoßen, die rauhe Gesellschaft, zu welcher er verwiesen war, menschlich und sanft und liebenswürdig gemacht hat. — Ich danke Ihnen, sagte mein Freund, daß Sie mich nicht für den Apoll selbst halten. Aber lassen Sie uns alle diese Hyper̅beln auf die Seite setzen, und sehen Sie in mir weiter nichts, als einen Menschen, der seine Nebenmenschen liebt, und der es für sein grö̅stes Glück hält, die Tugend unter derjenigen Gesellschaft auszubreiten, unter welcher er le̅ben soll; meinen Bauern aber thun Sie die Ehre an, sie nur für Menschen zu halten, und wenn Sie alsdann hier feinere und bessere Sit̅ten finden, als Sie sonst auf dem Land und in den Städten zu sehen gewohnt waren, so wer̅den Sie sich nun dieses Räthsel leicht auflösen können.

Ich war mit dieser Antwort, die mein Freund mir gegeben hatte, um der Unterre̅dung über diesen Punkt auszuweichen, nicht zufrieden, und drang endlich durch meine Zwei̅fel: **ob es möglich wäre, die Menschen recht-**

rechtschaffen zu machen, und ob es wirklich ein Glück wäre, wann alle Menschen tugendhaft lebten? so in ihn ein, daß er gezwungen wurde, mir seine Gedenkungsart über diese Materie, und die ganze Geschichte der Sittenverbesserung zu entdecken, die er an diesem Orte so glücklich eingeführt hatte.

Meine Leser, darf ich mir anders Leser versprechen, werden mir, wie ich hoffe, verzeihen, wenn ich ihnen das, was mein Freund über diesen Gegenstand sagte, so viel ich mich es noch erinnern kann, mit seinen eignen Worten wiederhole.

„Es ist ein wunderlicher Irrthum, sagte er, wenn einige Weisen behaupten wollen, daß man am besten thäte, wenn man die Welt gehen ließ, wie sie geht, ohne sich um die Verbesserung der Menschen viel zu bekümmern, oder daß man gar die Laster mehr als die Tugend unterstützen sollte. Wenn dieses ein Mandeville behauptet, so kann man diese Schwachheit seiner Begierde zu glänzen noch allenfalls verzeihen, zumal da er seine Sätze auf so grobe Unwahrheiten und Fehlschlüsse baut, daß er schwerlich einen vernünftigen Menschen verführen wird. Aber es ist mir höchst empfindlich, wenn ich Leute, die sonst verständig und tugendhaft sind, oder gar solche, die sich mit der Gesetzgebung beschäftigen, sagen höre, daß moralische Laster nicht immer politische Laster wären,

wären, und daß man also jene nicht immer zu vertilgen suchen, sondern sich auch in diesem Falle nach den Umständen und der Denkungsart eines jeden Volks richten müsse."

„Unstreitig gibt es gewisse Lokaltugenden, wenn ich so sagen darf, Tugenden, die oft blos für ein Land, für eine Nation, ja nur für ein Haus und einen Menschen sind. Will man diese verstehen, so hat man recht; allein dann spreche man nicht von der Tugend überhaupt, sondern nur von gewissen Handlungen, die hier Tugend sind, und an einem andern Ort, unter andern Menschen, Tugend zu seyn aufhören. Die Politik darf nie der Tugend überhaupt, dieser Fertigkeit sein wahres Glück zu befördern, entgegen seyn. Nie darf sie dem Menschen ein anders Glück nöthig machen, als das, welches die Natur ihm vorschreibt. Der Staat, der durch Handel blühen soll, darf nie Geiz, Betrug, Falschheit unterstützen; der kriegerische Staat darf nie die Menschenliebe in den Herzen der Unterthanen verlöschen; der Gesetzgeber, der die Anzahl der Bürger vermehren will, darf nie die Ausschweifungen einer lasterhaften Liebe begünstigen. Aber die müßige spekulative Lebensart, die einige für Tugend halten wollen; die Freygebigkeit, die den Reichthum der Nation, den sie aus dem Zirkel nimmt, dem Staat unnütz macht, und womit man bisweilen den Himmel verdienen wollte; die eigensinnige Enthaltsamkeit, die

man

man für Heiligkeit ausschreyt, die kann mit Recht ein jeder Gesetzgeber aus seinen Staaten verbannen, obgleich alle diese Dinge, unter allerley Umständen, bey einzeln Menschen wirkliche Tugenden seyn können. Auch Tugenden in einer Nation sind oft bey andern gefährlich, schädlich und wirkliche Laster, wie z. B. republikanische Grundsätze von Freyheit in monarchischen Staaten, Popularität in der Aristokratie, zu große Gastfreyheit in der Republik, ein kriegerischer Geist in dem Handelstaate, der Geist der Künste und Wissenschaften in Staaten, die den Ackerbau zu ihrem Hauptgegenstande gemacht haben. Aber die allgemeine Tugend, die Tugend des Menschen ist von einer ganz verschiednen Art."

„Die Tugend ist, nach meiner Meynung, nichts als die Fertigkeit, sich unter allen Umständen so glücklich zu machen, als möglich ist. Soll dieser Begriff in seiner Allgemeinheit bleiben, so muß ich den Menschen blos als Mensch, und zwar als ein Geschöpf des besten, weisesten Wesens, und als ein geselliges Geschöpf betrachten. In diesem Verhältnisse bleibt er in allen Staaten, unter allen Himmelsstrichen, in allen Regierungsformen; und alles, was ihn in diesen Verhältnissen unglücklich macht, ist, im allgemeinen Verstande, Laster, und darf nie von einer wahren Politik unterstützt werden."

„Nie

„Nie darf die gesetzgebende Gewalt Ueppigkeit, Betrug, Gewaltthätigkeit, Treulosigkeit, Unkeuschheit, Gleichgiltigkeit in der Religion befördern. Die schädlichen Folgen, die diese Laster auf denjenigen haben, der sich ihnen zum Sklaven gemacht hat, fließen immer auf den Staat wieder zurück: Und thäten sie es auch nicht, so würden sie doch die einzeln Mitglieder, welche durch diese Laster angesteckt sind, gewiß unglücklich machen. Und was ist das Glück des Staats, ohne das Glück des Bürgers? Was ist das Glück des Bürgers, ohne die Tugend, die ihm seine Natur zu einer Nothwendigkeit macht? Nein, beyde gehen wahrhaftig immer miteinander! —

Man lasse sich ja nicht durch einen falschen Anschein betrügen. Macht Ueppigkeit den Handel blühn, so entnervt sie die Vertheidiger der gemeinen Ruhe, und macht den Regenten und den Rathgeber unweis und unfähig den blühenden Handel zu nutzen und zu erhalten. Hat, wie man uns glauben machen will, der Betrug, den Chinesern (ein Volk, von dem man uns überall so widersprechende Begriffe beybringt) den Handel der Japoneser erhalten, so hat er ein Wunder gestiftet, das man mit Vernunft nie wieder erwarten darf. Betrug verscheucht sonst den Handel, er erniedrigt unter die Menschheit, und der Staat, der aus seiner Treulosigkeit einen Vortheil ziehen will, wird, für einen anscheinenden Gewinn, tausend

send wirkliche Vortheile verlieren. Alle seine Nachbarn, alle seine Bundsgenossen werden ihn fürchten, seine Feinde werden sich gegen ihn alles erlauben, und seine Freunde werden ihm, nach seinem eigenen Beyspiel, immer nur eine zweydeutige Treue, einen mistrauischen Beystand leisten, die am Ende weder Treu noch Beystand sind. Der kriegerische Staat, der durch Gewaltthätigkeit den Eroberungsgeist beleben will, wird bald ein Theater von lauter Bürgerkriegen seyn, und, wie ein unbändiges Thier, die Waffen aller seiner Nachbarn auf sich ziehen. Die Unkeuschheit wird die Ruhe der Familien, diese sanften häuslichen Glückseeligkeiten, auf ewig verbannen; sie wird die Körper der Bürger aussaugen; die Erziehung, die sich blos auf die elterliche Liebe gründet, verderben; der Liebe alle Reitze der Sittsamkeit und Unschuld nehmen, und nach einer Generation von Bastarten, eine Generation von Räubern geben, die bald den blühendsten Staat mit allen Lastern verunstalten, alle Gesetze zertreten, und so viele Mördergruben bauen werden, als Städte und Häuser sind. Die Gleichgültigkeit gegen Gott und die Religion wird alle Hofnung eines bessern Lebens rauben, wenigstens so unsicher machen, daß der mindeste Anschein eines Glücks, diesseits des Grabs, das Uebergewicht erhalten wird. Sie wird die Tapferkeit zur Wuth, den Patriotismus zu einem Handel machen; sie wird den Antrieb zu edlen Thaten, denen nicht

B gleich

gleich die Belohnung auf dem Fuße folgen, ersticken, sie wird die Kraft der Gesetze schwächen; sie wird im Unglücke muthlos, im Glücke die Herzen hart, zu erhabenen Aussichten unfähig, allezeit, wenigstens in den Augenblicken der Einsamkeit, wo ohne Gott und Himmel das Herz ganz leer ist, unglücklich machen. Sie wird noch mehr thun! Unbekannt mit einem Gott, der die Seele erweitert und über ihre Sphäre erhebt, dabey aber seiner ganzen Schwäche und seines hülflosen Zustandes bewußt, wird eben der Mensch, der nun für den wahren Gott nichts fühlet, der nun gegen den vernünftigen Gottesdienst gleichgültig ist, durch einen unbegreiflichen Widerspruch, den aber die Erfahrung so offenbar bestärkt, sich überall einen Gott, wenigstens ein Wesen suchen, das ihm helfen könne, wann er keine Hülfe mehr sieht. Am Himmel, in allen Elementen, unter allen Thieren wird er es suchen, und der abscheulichste Aberglauben wird die gewisse Folge der überhandnehmenden Gleichgültigkeit in der Religion seyn. Was wird also die Politik durch diese Laster gewinnen? Ueber den Staat wird sie ein schleichendes Gift ausgiessen, das ihn verzehren wird, und die Bürger des Staats werden mit den besten Herzen, mitten in dem Genuß des dahingehenden Reichthums, und dem Glanz einer falschen Ehre äußerst unglücklich seyn. Denn wie kann der glücklich seyn, der selbst keine Tugend fühlt, oder wenigstens unter lasterhaften, unter lauter kleinen, ge-

fühllo-

fühllosen Seelen sein Leben zubringen muß? Nur in der Gesellschaft der Rechtschaffenen ist das Leben der Erhaltung werth."

„Ich habe mir oft, fuhr mein Freund fort, ein Volk von lauter Rechtschaffnen erträumt, und ich fand in diesen Schwärmereyen, in diesem moralischen Feenreich immer eine unaussprechliche Wollust. Wie sanft muß das Leben seyn, wo das gefühllose Herz sich allen seinen Empfindungen gegen seine Nebenmenschen überlassen kann; wo wir die Schlösser und Riegel von unsern Thoren wegschlagen, und unsere gastfreye Hütte einem jeden sicher öffnen können; wo kein Argwohn uns eine beschwerliche Vorsicht und Klugheit aufbürdet, die so leicht in Kaltsinn und Haß gegen das ganze Geschlecht unsrer Brüder ausartet; wo wir nicht bey den besten Handlungen, den lieblosen Urtheilen des Leichtsinns blosgestellt sind; wo uns nicht mehr die Tugend in den Augen unserer Nebenmenschen lächerlich und verächtlich macht; wo wir nicht unter der Verachtung des Stolzen seufzen, und unter der Gewalt des Mächtigen weinen müssen; wo wir nicht mehr so viele Thränen der Elenden sehen, die der hartherzige Reiche unerweichet fließen läßt; wo wir die gesellschaftliche Vergnügungen genießen können, ohne Furcht durch das giftige Laster angesteckt zu werden; wo wir auf einer jeden Stirne sanfte Gefälligkeit, Dienstfertigkeit und Freundlichkeit lesen; wo wir täglich die erhabensten Beyspiele schöner und edler Thaten vor Augen sehen; wo jeder Regent sein Volk liebt, jeder Bürger ein Patriot ist; wo die Gesetze ohne Murren erfüllt, und die Rechte der Wittwen und Waysen ungekränkt gelassen werden; wo wir in unserm Leben überall Freunde, Tröster, Rathgeber finden, und im Tode den Trost mitnehmen, daß unsere Weiber überall Beschützer, und unsere Kinder überall Pfleger und Väter finden werden; wo — o Freund, unser itziges Leben ist ein beschwerlicher Traum. Die Wohnung der Seligen ist eine Stadt, ein Land, eine Welt von Tugendhaften!"

„Es hat Leute, auch rechtschaffene Leute gegeben, welche glaubten, ein Leben unter lauter Tugendhaften wäre ein müßiges, trauriges, einfaches Leben, wo die Tugend selbst einen großen Theil ihres Lohnes eben dadurch verlöhre, weil sie zu gemein wäre. Wie? würde die gefühlvolle Seele weniger Vergnügen an dem Anblick der Sonne, des blühenden Feldes, des heitern Himmels haben, wenn alle Seelen gleich fühlbar gegen diesen Anblick wären? Ist das Gefühl der Liebe weniger schmackhaft, weil es allen Menschen gemein ist? Wie ungerecht ist dieser Einwurf gegen die Tugend. Die Tugend fordert kein müßiges Leben, und wehe uns! wenn wir sie itzo nur durch ihren Kampf mit dem Laster anderer Menschen ausüben können; oder, wenn uns itzo nichts dafür

dafür belohnet; als die anstaunende Bewunderung des lasterhaften oder des kleinen Pöbels! Auch unter einem Volk von lauter Tugendhaften würden die Charactere und die Denkungsarten verschieden, und also das Leben gewiß nicht einförmig seyn. (*) Es würden nicht weniger Geschäfte vorfallen, als itzt; man würde Könige und Regenten nöthig haben; es würden Räthe und Richter seyn müssen; das Feld würde, wie itzo, bebaut, der Mangel der Natur würde durch die Handelschaft, wie itzo, ersetzt; das Land würde, wie itzo, mit Tapfer-

(*) Der Verfasser des vortreflichen Buches, *sur les Moeurs*, führt diesen Gedanken weiter aus, und zeigt, wie diese Verschiedenheit mit der Tugend wohl bestehen könne: Quand tous les hommes, sagt er, seroient egalement attachés à la vertu, ils ne laisseroient pas de differer en bien des points. Le fond des principes de morale & des sentimens seroit tonjours le même dans tous, mais ils ne se copieroient pas pour cela, dans des choses indifferentes aux bonnes moeurs, & rien en effet ne les y oblige. Dieu nous a donné sa loi pour regle de conduite, & non pas nos semblables pour modèle. On peut fort bien être aussi vertueux qu'un autre, sans lui ressembler de caractère. Supposons donc une societé toute composée de gens de bien, on y rencontrera encore de quoi exercer sa patience. L'esprit fin ne supportera qu'avec peine de gens lourds & pésans; un plaisant, un facétieux ne sympathisera pas avec un melancholique &c. *Les Moeurs*, P. II. ch. 2. Art. I. §. 4.

keit beschützt werden müssen. Die Unmündigen würden Pfleger, die Kinder würden Lehrer, die Hausväter würden Diener, die Kranken würden Aerzte, die Bequemlichkeit des Lebens würde Künste und Erfinder brauchen; Die Wissenschaften würden weder ihren Reitz noch ihre Belohnung verlieren; sie würden nun ungleich erhabnere gewinnen. Arbeiten genug uns zu beschäftigen, und was uns alsdann an Arbeiten abgienge, würde unserm Vergnügen, einem edlen, reinen Vergnügen zuwachsen, das wir itzo so selten, so schwach geniessen! Wie froh würden sich dann die weisen Freunde unterreden, wenn keine Thoren sie störten, kein Verdacht einer verborgenen Falschheit ihre Herzen verschlösse! Wie zufrieden würde der Hausvater am Abend in dem Schooße seiner Familie sitzen, und ihr die Geschichte seiner Jugend, die guten Thaten seiner Freunde, oder die Wunder und Wege der Vorsicht und der Natur erzählen! Wie sanft würden die Freuden der Liebe seyn, in welcher sich nun erst Seelen mit Seelen für eine ganze Lebenszeit mischten! Wie vergnügt würden am Fest die Jünglinge und Mädgen sich versammlen, und ohne Furcht vor dem Verführer, dem Gott, dem Schöpfer der Freuden zu Ehren, sich ganz dem zärtlichen Hang ihrer Herzen überlassen, und sich ihrer Jugend und ihrer Unschuld erfreuen? Ist nicht die Welt voll von Freuden; und ist nicht blos das Herz der Freude fähig,

wel-

welches rein und unschuldig und seines innern Friedens sich bewußt ist?"

Diese lange Rede, die mein Freund mit einer Art von Begeisterung hielte, hatte ihn einigermaßen erschöpft. Er schwieg stille und fiel in ein tiefes Nachdenken, in welchem seine Seele alle die Seligkeiten zu fühlen schiene, die seine erhitzte Einbildungskraft ihm vorgemahlt hatte. Ich unterbrach endlich dieses empfindungsvolle Stillschweigen. — "Sie haben mir, sagte ich, unvermerkt manche Zweifel benommen, die mich selbst, es sey Irrthum oder Vorurtheil, in meinem brennenden Wunsch einer allgemeinen Ausbreitung der Tugend, irre machten, und alles, was ich hier um mich sehe, bewegt mich, fast auch noch überdies zu glauben, daß dieser Wunsch eben nicht ganz Schwärmerey ist, und daß man vielleicht, wenn man nur wollte, noch Hofnung hätte, diese Cur des menschlichen Geschlechts zu Stande zu bringen. Aber sagen sie mir, wie haben sie es angefangen, dieses rohe Volk, unter welchem sie wohnen, auf ihre Lehren aufmerksam zu machen, und der so verdorbenen menschlichen Natur eine solche Gewalt anzuthun?"

"Sie beleidigen, sagte mein Freund, die menschliche Natur, wenn sie glauben, die Tugend sey ihr ein Zwang. Das Laster ist wirklich

lich ein Zwang für sie, (*) und wenn wir uns die Mühe geben wollten, und vernünftig angewiesen würden früher nachzudenken, wie wir es anfangen müssen tugendhaft zu werden, ich bin

(*) Wenn der Endzweck der Tugend die höchste Glückseligkeit ist; und wenn der Mensch von Natur gezwungen ist, nach seiner höchsten Glückseligkeit zu verlangen, so ist er gezwungen tugendhaft zu seyn. Mit diesem Satz steht und fällt die ganze Sittenlehre, denn ihr Grundsatz ist ganz willkührlich, wenn er nicht nothwendig in der Natur der Menschen gegründet ist. Warum sind aber nicht also alle Menschen tugendhaft? Entweder weil ihre übrige Kräfte zu schwach sind, ihren unbesieglichen Trieb nach Glückseligkeit zu unterstützen; oder weil ihr Verstand, der seinem Wesen nach frey seyn muß, ihnen ihre wahre Glückseligkeit nicht lebhaft genug vorstellt. Wenn man in der Moral von der Natur des Menschen spricht, so muß man, wenn man sich nicht beständigen Verwirrungen und Widersprüchen aussetzen will, darunter nicht den Inbegriff aller Kräfte des Menschen, sondern nur die Grundkraft verstehen, welche alle andere Kräfte des Menschen, bestimmt, und welche allein als gewissermaßen frey wirkend gedacht, und also allein ein Gegenstand einer Moral werden kann, die weder eine Physik noch ein Roman seyn soll. Diese Grundkraft wird durch die Vorstellung der künftigen Handlung in Bewegung gesetzt, und sie arbeitet immer nothwendig, das Glück zur Wirklichkeit zu bringen, welches die Vorstellung ihr im Abriß vorhält. Diese Vorbin gewiß, wir würden es alle! Die ganze Besserung des menschlichen Geschlechts liegt an der Besserung des Verstandes. Was dieser lebhaft als ein Glück erkennet, dem folgt das

Vorstellung hängt aber wieder zum Theil von dem Verstand ab, zum Theil ist sie sinnlich. In so fern sie sinnlich ist, in so fern kann sie mehr nicht abbilden, als das Glück des einzigen gegenwärtigen Augenblicks. In so fern sie aber von dem Verstande vollkommen gemacht wird, in so fern bildet sie den vollständigen Einfluß der bevorstehenden Handlung auf den ganzen Zustand des Menschen, in der ganzen Dauer seiner Existenz, treulich vor. Jeder Fehler in diesem Bilde setzt den Menschen in Gefahr, sich, ohngeachtet seines Triebs zur größten Glückseligkeit, dennoch selbst unglücklich zu machen. Sind wir also lasterhaft, so ist nicht unsre Natur, in diesem Verstande genommen, schuld daran, sondern entweder die Schwachheit oder das zerstörte Verhältniß unserer übrigen Kräfte, oder unser Verstand. Das Laster ist also wirklich ein Zwang, eine Tyranney, und die Tugend scheint es uns nur dann zu seyn, wann die Harmonie unsrer übrigen Kräfte gestört worden ist, und unsre Grundkraft also mehr Anstrengung nöthig hat, sie zu bestimmen. Man frage den Lasterhaften, welcher itzo die schlimmen Folgen seiner Vergehungen empfindet: ob er diese Thorheiten begangen haben würde, wenn er damal eine so lebhafte Vorstellung von seinem Zustande gehabt hätte, als er sie itzt hat? Er wird gewiß Nein dazu sagen. Nur richte man diese Frage nicht an den, welchem seine Laster schon zur Gewohnheit geworden

das Herz von selbst. Aber diese lebhafte Erkänntniß hervorzubringen, das ist die Hauptschwierigkeit, eine Schwierigkeit, die kein Mensch ohne Hülfe der Religion ganz übersteigen wird, und die der wahre Moralist nur zu erleichtern suchen muß. Das schwerste bey dieser Arbeit ist, daß man dabey sich keinen allgemeinen Plan machen kann, sondern sich immer nach den Umständen und der Verfassung der Menschen richten muß, welche man bessern will. Im Grunde haben zwar alle Menschen

worden sind; denn bey diesem wirken die Kräfte ohne Vorstellung, ohne alle Bestimmung der Grundkraft, eben so mechanisch, als der Athem die Lunge öffnet, und der Magen die Speisen verdauet. Die geoffenbahrte Religion widerspricht diesen Sätzen nicht, denn sie versteht augenscheinlich unter der Natur des Menschen, alle unsre Kräfte. Ich habe diese Anmerkung für nöthig geachtet, damit man meinen Freund nicht etwa einer ungereimten Neigung zum Paradoxen beschuldige. Der Grundsatz, den er hier annimmt, war ihm unentbehrlich, weil sich auf ihn die ganze Sittenlehre gründet. Daß er nicht so leicht in seinem ganzen Umfange begriffen werden kann, dafür kann er nichts. Bey seinen Schülern würde er sich in Acht genommen haben, solche Sätze vorzutragen. Die Sittenlehre unterscheidet sich darinnen von allen andern Wissenschaften, daß ihre Schlußfolgen leicht, ihre Grundsätze aber ausserordentlich dunkel und schwer sind. Dieses scheint mir die Ursache zu seyn, warum wir in keiner Wissenschaft so viele

schen einerley Glückseligkeit, (*) aber ein jeder sieht diese Glückseligkeit auf einer andern Seite an, und zeigt man sie ihm nicht auf dieser Seite, so wird man Jahre lang vergebens schwatzen, er wird nie mit Empfindung tugendhaft werden."

„Da ich vor ohngefehr dreyßig Jahren auf dieses Landgut kam, und die benachbarten Bauern sowol, als diejenigen, welche zu dem Gut selbst gehören, kennen lernte, so entschloß ich mich, vor allen Dingen zu versuchen, ob diese Beobachtung, die ich vorher nur vermuthete, gegründet war? Ich setzte mir also vor, selbst auf das eifrigste der Tugend anzuhängen, und dabey durch ein offenherziges sanftes Wesen, und durch tausend kleine Gefälligkeiten mir das Vertrauen und die Liebe dieser kleinen Gesellschaft zuzuziehen. Ich bemühte mich die
innere

viele Lehrgebäude, in keiner so viele Schwätzer haben, als in dieser. Und eben dieses ist auch die Ursache, warum ich bey solchen Personen, welche die Moral nur lernen, um sie auszuüben, immer bestimmte, auf den Zustand dieser Personen sich gründende Sätze für nöthig halte, und nur dem Philosophen erlauben möchte, sich mit allgemeinen Betrachtungen über Tugend und Laster zu beschäftigen.

(*) Denn unsere größte Glückseligkeit bestehet darinn, daß wir uns beständig in einem Zustand von lauter angenehmen Empfindungen befinden.

innere Einrichtung der verschiedenen Familien
kennen zu lernen. Ich kam ihnen mit meiner
Dienstfertigkeit zuvor, sobald ich merkte, daß
ich einem etwas helfen konnte. Ich legte mich
unermüdet auf die Landwirthschaft und den
Ackerbau, um meinen Bauern einen guten
Begrif von meinem Verstand in denenjenigen
Dingen beyzubringen, welche sie am leichtesten
zu beurtheilen im Stande waren. Ich ver-
schaffte mir dadurch bald ein Ansehen unter
diesem kleinen Volk. Sie kamen zu mir, wenn
sie in Noth waren, sie fragten mich um Rath,
sie eröfneten mir ihre geheimsten Anliegen, und
gaben mir dadurch Gelegenheit zu öftern. Unterredungen, in welchen ich ihnen immer, so
oft ich es ohne Zwang thun konnte, unvermerkt Begriffe von Tugend, Recht und Pflicht
beybrachte. Klagte einer über die Unfreundlichkeit seines Nachbars, so erinnerte ich ihn
freundschaftlich an Fälle, wo er auch unfreundlich gegen andere gewesen war; fiel einer in
Mangel, so ließ ich ihn merken, daß Faulheit
und Nachläßigkeit ihn zurück gebracht habe;
war einer unzufrieden mit seiner Frau, so rie-
the ich ihm, sie durch Freundlichkeit und Gefälligkeit zu gewinnen; und dann, wann ich
sahe, daß mein Rath befolgt wurde, dann that
ich insgeheim alles, was ich konnte, um die
Noth abzuwenden, die man mir geklagt hatte.
Die guten Leute waren immer geneigter, den
glücklichen Ausgang ihrer Bemühungen den
Tugenden zuzuschreiben, die ich sie gelehrt hatte,

te, als den geheimen und unmerklichen Unterhandlungen, die ich bey einem noch rohen Volke nöthig hatte. Ich brauchte dabey mehr nicht, als die Kunst, die Socrates uns zur Jagd der Freunde lehrte, wie er sich bey dem Xenophon ausdrückt. Dem unfreundlichen Nachbar erzählte ich bisweilen im Vertrauen, wie gut sein Nachbar von ihm gesprochen hätte, wie leid es ihm wäre, daß sie keine gute Freunde wären, wie geneigt er wäre, ihm zu dienen. Stieß ihm vielleicht ein Unglück zu, wo er die Hülfe eines andern nöthig hatte, so rief ich vor allen, den andern Nachbar herbey. Aus Scham und Liebe zu mir, weigerte sich dieser nie zu helfen, wann er konnte, und bald wurden sie die besten Freunde. Dem, der in Mangel war, half ich durch Arbeit, die ich ihm verschafte, und die ich augenblicklich bezahlte, um ihn durch den nahen Gewinn zu reitzen. Ich lehnte ihm ohne Zinsen, war aber streng im Wiederfordern, und gab genau Acht, wie er meinen Vorschuß anwendete. Ausser diesen und dergleichen kleinen Kunstgriffen bedient ich mich auch manchmal kleiner Strafen. Die Liebe, welche ich bey diesem Volke mir erworben hatte, gab diesen Strafen ein desto stärker Gewichte. Dem Undienstfertigen versagte ich eine Zeitlang meine Hülfe; denn, sagte ich, ihr helft ja auch niemand. Nachher kam ich von selbst und half ihm, und erinnerte ihn, wie es ihm gefallen hätte, da niemand ihm helfen wollte? Wurde einer eines Betrugs überführt,

führt, so ließ ich ihn nicht in mein Haus, und vermied alle Geschäffte, allen Umgang mit ihm, bis er allen Schaden ersezt hatte, und auch dann gab ich so merklich auf ihn Acht, daß er mein Mistrauen deutlich spüren konnte. Oft kamen sie und beschworen mich mit Thränen, ihnen wieder mein Vertrauen zu geben. Ich blieb zum Scheine hart; allein insgeheim gab ich ihnen Gelegenheit, mich zu betrügen, und keiner wagte es, sich ihrer zu bedienen, wann er einmal diese Strafe ausgestanden hatte. Fand ich hingegen einen Mann, der eine gute That gethan hatte, so schämte ich mich nicht, ihn an meinen Tisch zu laden, und ihm öffentlich auf alle Art meine Freundschaft zu beweisen. Ich gewann durch dieses Betragen nach und nach immer mehr Zuneigung und Ansehen, und konnte bald bemerken, daß in dem guten Volk Empfindungen der Tugend, der Redlichkeit, der Geselligkeit rege wurden, die vor dem ganz in ihren Seelen erstarrt waren."

„Nun traute ich mich erst ein Mittel anzuwenden, welches ich für das kräftigste hielt, das ich aber nicht anders, als mit gröster Behutsamkeit zu gebrauchen wagte. Ich meyne den Unterricht bey kaltem Blute. Die Herzen meiner neuen Freunde hatten nun schon bald bey dieser, bald bey andern Gelegenheiten, einige Belohnungen der Tugend empfunden, und wurden dadurch fähiger, die Gemählde, die ich ihnen

ihnen davon machte, lebhafter zu empfinden. Denn das Leben der Vorstellungen besteht in den Empfindungen, die mit der Vorstellung rege werden, und ohne dieses Leben ist die gründlichste Ermahnung unnütz. Ob ich es indessen gleich schon so weit gebracht hatte, daß meine Bauern fähig zum Gefühle der Tugend waren, so traute ich mich dennoch nicht, ihnen die Lehren, die ich ihnen beybringen wollte, in einem zusammenhangenden Unterrichte vorzutragen. Ich begnügte mich nur, in meinen Unterredungen mit diesen Leuten, die Gelegenheiten zu dieser oder jener Ermahnung zu ergreifen. Die gemeinsten Umstände des Lebens, die zufälligsten Begebenheiten verschafften mir täglich Anlaß dazu. Ich brauchte dabey die Vorsicht, daß ich immer die Begebenheiten, wovon wir sprachen, in ein solches Licht sezte, daß das Herz meiner Freunde daran Antheil nahm, und daß sie sich unvermerkt an die Stelle derjenigen sezten, die sie eigentlich betraf. Unsre Einbildungskraft — das köstlichste Geschenk des Himmels — ist ein mächtiges Werkzeug der Tugend und des Lasters. Durch sie bekommen wir einen Vorschmack von dem Zustande in welchen uns eine jede unsrer künftigen Handlungen setzen wird. Mahlt die Einbildungskraft diesen Zustand treu und mit Wahrheit, so ist es nicht anders möglich, der Mensch muß, wenn er nicht seine Freyheit ganz verloren hat, das Laster verabscheuen, dessen üble Folgen ihm seine Einbildungskraft vor-

vormahlt; und er muß die Tugend lieben, die in einem treuen Gemählde immer auch dem Rohesten gefällt, sobald nur die betäubten Empfindungen seines Herzens aus ihrem Schlaf erweckt worden sind. Nach diesen Begriffen, die ich mir gemacht hatte, bemühte ich mich immer, meiner neuen Gesellschaft den Zustand derjenigen Menschen, von welchen sie mich unterhielten, mit den lebhaftesten Farben abzumahlen. Ich hütete mich sehr dabey, ein Urtheil über die Begebenheiten zu fällen, die sie mir erzählten. Sprachen sie von einem, der aus Faulheit zurückgekommen war, so sagte ich ihnen nicht: die Faulheit ist ein häßliches Laster, das euch unglücklich macht; sondern ich beschrieb ihnen nur das Elend der Armuth und des Mangels, und verglich es mit den Annehmlichkeiten, die eine stätige Arbeit bey sich führt. Den Schluß zogen meine Bauern immer selbst, ohne alle Logik. So machte ichs, wenn von Völlerey, von Betrug, von Feindschaften, von ungezogenen Kindern, oder von sonst einem Laster, oder den Folgen eines Lasters die Rede war, und durch dieses Verfahren hatte ich nach und nach meine Bauern so aufmerksam auf ihre Handlungen gemacht, und sie mit so lebhaften Beyspielen von dem Vortheile der Tugend, und der Schädlichkeit des Lasters erfüllt, daß fast kein Gedanke von einer Handlung in ihnen entstand, bey welchem nicht zugleich ein Beyspiel von den Folgen dieser Handlung in ihrer Einbildungskraft hätte aufleben

leben sollen. Das Laster wurde ihnen dadurch, ohne die Strafe einer eigenen Erfahrung, beynahe so verekelt, wie uns die Speisen verekelt werden, mit welchen wir uns einmal überladen haben."

"Ist das Herz einmal aufmerksam auf sein wahres Glück gemacht, so keimt eine Tugend aus der andern. Ich sah oft mit Erstaunen, wie meine Bauern von selbst auf Tugenden fielen, von welchen ich ihnen nicht den mindesten Begriff beygebracht hatte. Fehler, Uebereilungen, Flecken, die der menschlichen Natur noch immer ankleben, zeigten sich freylich noch alle Tage; aber sie waren dennoch viel seltener und weit weniger schädlich, weil sie nicht aus einem gefühllosen und bösen Herzen flossen. Hingegen entdeckten sich bald die vortreflichsten Früchte der Tugend. Nie haben unsre Felder so schön geblüht, als seitdem diejenigen, die sie bauen, Arbeitsamkeit und Fleiß gelernt, und durch wechselsweise Dienstfertigkeit die Banden der Gesellschaft enger zusammengezogen haben; nie waren die Bewohner dieses Orts gesunder, munterer, treuer, ihren Herren gehorsamer, nie bessere Menschen. Selbst ihr Vergnügen wurde verfeinert, und eben dadurch erhöht und vermehrt."

"Ich kann Ihnen, setzte mein Freund hinzu, die Freude nicht lebhaft genug beschreiben, die ich fühlte, da ich diese Früchte meiner

C Bemü-

Bemühungen sah. Ich wurde, ohne der Apost zu seyn, mit welchem Sie mich vorhin verglichen, von diesem Völkchen angebethet und auf das zärtlichste geliebt. Sie sagten mir oft, daß sie, seitdem ich unter ihnen wohnte, ganz andre Menschen geworden wären, und doch könnten sie es nicht begreifen, wie ich es angefangen hätte."

„So angenehm mir dieser Anblick war, so sehr betrübte mich indessen oft der Gedanke, daß ich vielleicht nur für eine Generation gearbeitet hätte, und daß von allen diesen schönen Seelen, die ich hatte bilden helfen, in wenigen Jahren an diesem Orte vielleicht keine Spur mehr anzutreffen seyn würde. Ich hatte zwar alles gethan, was ich konnte, den guten Leuten die Kinderzucht, als etwas sehr wichtiges, recht eifrig zu empfehlen, und jeder Vater war auch begierig, seine Kinder zu den besten Menschen zu machen. Allein die Erziehung erfordert mehr, als diese Leute leisten konnten. Das gute Beyspiel that auch viel, aber es war nicht genug, und die besten Eltern verstunden oft am wenigsten, wie sie es angreifen sollten, um gute moralische Empfindungen in den Herzen ihrer Kinder zu erwecken, und um den Verstand und die Einbildungskraft derselben dabey geschickt zu machen, auch diese Empfindungen immer wieder zu gelegener Zeit zu reizen. Der Schulmeister, den wir haben, ist zwar wol ein ehrlicher Mann; allein außer Lesen, Schreiben

und

und Rechnen ist er nicht im Stande, ein Kind etwas zu lehren. Der Pfarrer ist zu bequem, sich mit diesem Theile seines Amtes abzugeben. Er begnügt sich mit seiner Predigt, und glaubt schon viel gethan zu haben, wenn er die armen Kinder Lieder und Sprüche aus der Bibel und dem Katechismus herbethen läßt. Es war also nichts zu thun; ich muste mich, wenn ich ein dauerhaftes Werk gestiftet haben wollte, nur selbst bequemen, mich mit diesem Unterrichte der Kinder zu beschäfftigen. Ich fieng nach und nach an, kleine Zusammenkünfte der Kinder bey mir zu halten. Die Väter schickten mir gern ihre Kinder zu, wenn sie sonst keine Beschäfftigungen für sie hatten, und ich wählte auch immer diejenigen Stunden, in welchen sie ihre Kinder am besten entbehren konnten. Ich fieng anfangs nur mit wenigen an, die ich leicht übersehen konnte. Ich schämte mich nicht, diesen Kindern bey mir kleine Spiele und Vergnügen zu schaffen. Ich wendete alle Erfindungskunst an, ihnen sonderlich durch körperliche Uebungen angenehme Zeitvertreibe zu machen. Wann sie nun müde waren, dann gab ich ihnen einige ländliche Erfrischungen, setzte mich zu ihnen, lobte sie, fragte sie über allerley Dinge, und lenkte endlich nach und nach unsre Unterredungen auf allerley Pflichten, die ich ihnen so natürlich vortrug, als möglich war. Diese Kinder wurden bald meine Freunde. Wann sie mich von ferne sahen, so liefen sie mir entgegen. Ich nahm sie mit in

C 2   mein

mein Haus, ließ sie oft mit mir essen, schenkte ihnen allerley, und verband sie mir nach und nach so sehr, daß sie mich wie ihren Vater verehrten und liebten. Sie können sich leicht die Gewalt vorstellen, die ich durch dieses Betragen über die Herzen dieser Jugend erhielt. Ich misbrauchte sie auch gewiß nicht, und dadurch wurde sie so stark, daß unter den Kindern, welche man sonst nicht anders, als mit dem Prügel in der Hand ziehen will, ein bloßer Blick von mir alles erhalten konnte, und daß das Misvergnügen, das ich blicken ließ, wann einer fehlte, für eine wichtige Strafe gehalten wurde."

„Die wenigen Kinder, welche einen Zutritt zu mir hatten, wurden bald von den andern beneidet. Ich sah diese Wirkung meines Betragens gern, und erweiterte nun nach und nach meinen Umgang mit den Kindern. Ich besuchte die Schule, und nahm immer diejenigen mit in mein Haus, die es verdienten. Diese Belohnung reizte die meisten, sich um meine Gunst zu bewerben, und daher entstand nach und nach die kleine Versammlung, in welcher Sie mich überrascht haben. Die Kinder fanden so viel Vergnügen daran, daß sie selten eine verfehlten, und selbst als Männer kommen sie noch immer, wann es ihre Geschäffte erlauben, in meine kleine Schule. Die Männer, bey welchen Sie gesessen haben, waren seit ihrem achten Jahre meine Freunde, und

und ich weiß, sagte mein Freund mit Thränen, die ihm seine Rührung auspreßte, sie ließen ihr Leben für mich."

"Nun haben Sie, fuhr er fort, die Geschichte der Sittenverbesserung gehört, worüber Sie sich wunderten. Wenn Sie alle die Mühe, die ich anwendete, und alle die Umschweife überlegen, die ich gebrauchte, und wenn Sie dabey hören, daß ich länger, als zehen Jahre daran arbeitete, eh ich meine Schule errichten, und merkliche Früchte meiner Bemühungen spüren konnte, so werden Sie aufhören, mich einen Apoll zu nennen, und die Verfassung, in welcher Sie meine Bauern antrafen, einem Wunder zuzuschreiben."

In der That, sagte ich, es scheint mir nun fast ein größeres Wunder, daß die Beyspiele der Sittenverbesserung, welche Sie eingeführt haben, nicht häufiger sind. Sie haben zu Ihrem großen Endzwecke mehr nicht gebraucht, als gesunde Vernunft und eine thätige Menschenliebe. O Freund! wie verdorben müssen die Menschen seyn, daß unter so viel tausend Lehrern und Predigern keiner ist, der diese Eigenschaften hat!

"Verklagen Sie, sprach mein Freund, die Menschen nicht zu voreilig. Es können Tausende diese Eigenschaften haben, und dennoch, wegen andrer Ursachen, nicht eben das zu thun fähig seyn, was ich hier zu Stande gebracht habe. Es ist leicht zu sagen: ein solcher Lehrer der Tugend braucht zu seinem Endzwecke mehr nicht, als eine gesunde Vernunft und eine thätige Menschenliebe; kommt man aber zu der Anwendung dieser Eigenschaften, so finden sich unendliche Schwierigkeiten. Der, welcher die Tugend bey einem solchen Volk ausbreiten will, wie dasjenige ist, welches ich vor mir hatte, muß nicht allein eine gesunde, sondern auch eine reine, biegsame Vernunft haben, über welche er völlig die Herrschaft hat. Er muß sich in den Geist derjenigen hineindenken lernen, welche er zu unterrichten hat. Er muß in seinem Unterricht alles vermeiden, was in der Sittenlehre noch immer unerklärbar bleibt; selbst die Beweise, welche zwar noch faßlich zu machen sind, die aber weniger ausgebildeten Seelen noch immer unbegreiflich bleiben, muß er übergehen; jede Pflicht muß er blos aus deutlichen, sinnlichen Gründen empfehlen; er muß blos die deutlichen unläugbaren Folgen jedes Lasters aufsuchen, und dabey seinen ganzen Vortrag so einkleiden, mit so einfachen, aus den Scenen des gemeinen Lebens erborgten Beyspielen erläutern, und dabey so zu interessiren wissen, daß alle seine Lehren in die rohen Herzen seiner Schüler eindringen, und dort einen unauslöschlichen Eindruck zurücklassen. Außer diesem muß ein solcher Lehrer auch selbst tugendhaft seyn. Nicht tugendhaft, wie man zu seyn pflegt. Er muß aus dem innersten Gefühle seines Herzens tugendhaft seyn. Er darf aber keine von den strengen enthusiastischen Tugenden haben, die, so lange die Tugend sie selbst kein Opfer kostet, keinen Flecken, keine Unvollkommenheit leiden wollen. Seine Tugend muß menschlich seyn. Mit ihr muß er einen großen durchdringenden Geist verbinden, und was an einem großen Geiste das gröste ist, oft verbergen können, daß er ihn besitze. Er muß die Kinder, die er unterrichten soll, lieben, und von ganzem Herzen ihr wahres Beste suchen. Alle ihre Unarten muß er nicht allein ohne Bitterkeit ertragen, sondern auch, sobald er eine wahrnimmt, die Ursache davon aufsuchen, ihre Folgen ergründen, sie den Kindern öfters vorstellen, noch öfter, wenn er kann, durch einen unschuldigen Betrug es dahin zu bringen suchen, daß derjenige, welcher diese Unarten an sich hat, die Folgen davon unmittelbar empfinde. Er muß die Umstände und die Verfassung, in welcher sich seine Schüler befinden, sich genau bekannt machen und wohl überdenken, um nach ihnen seine Lehren einzurichten, sie mit solchen Beweisen zu unterstützen, welche den Kindern, die er vor sich hat, am fühlbarsten sind, und mit solchen Beyspielen zu erläutern, welche die Kinder entweder erlebt haben, oder welche ihnen doch leicht begreiflich gemacht werden können. Die Laster, welche an dem Orte, wo er lehrt, am häufigsten ausgeübt werden, muß er am sorgfältigsten untersuchen, und am

C 4 öftes

öftesten in ihrer ganzen Häßlichkeit vormahlen. Er hüte sich aber ja wohl dabey, daß er die Häßlichkeit nicht übertreibe, und dadurch seine Lehren verdächtig mache. Er bleibe überhaupt immer bey der Natur, und lasse seine Kinder so wenig merken, als er kann, daß er sie unterrichten will."

„Nicht in den Stunden allein, wo sie sich bey ihm versammeln, sondern überall, wo er zween, auch nur einen seiner Schüler antrifft, überall muß er ihnen die Lehren der Tugend mehr wie ein Freund, der sich mit ihnen unterredet, als wie ein Lehrer, von welchem sie etwas lernen sollen, beyzubringen suchen. Er muß es nicht für zu geringe halten, bey dem Hirtenjungen auf der Flur zu sitzen, und sich mit ihm in eine Unterredung einzulassen. Da muß ihm alles Gelegenheit geben, die Sittenlehre und die Tugend in die jungen Herzen einzuflößen. Jede Scene der Natur muß er zu benutzen suchen; jedes Herz muß er nach der Manier, die diesem Herzen eigen ist, zu bearbeiten, und zwar in jedem Augenblicke, nach der Lage zu bearbeiten wissen, in welcher sich dieses Herz befindet. Er muß—

Hören Sie auf! unterbrach ich meinen Freund. Wo werden wir alles dieses beysammen finden?— Ein Zufall unterbrach unsre Unterredung. Aber das Gemählde, welches mein Freund mir von einem Lehrer der Tugend ent=

entworfen hatte, drückte sich tief in meine Seele, und alle die reizenden Bilder, die ich mir von einer allgemeinern Verbesserung der Sitten gemacht hatte, und die mir so leicht wirklich zu machen schienen, verschwanden nun wieder auf einmal vor meinen Augen. Es ist unmöglich, auch nur unter dem Landvolk eine Sittenverbesserung anzufangen, ohne einen solchen Lehrer, wie ihn mein Freund geschildert hat. Und wo sollen wir diesen finden?— O meine armen kleinen Brüder und Freunde auf dem Lande, wie werdet ihr versäumt! Es war also nicht genug, daß man euch der Armuth, der Sklaverey und einer so unverdienten Verachtung übergabe, muste man euch auch die Mittel versagen, wodurch ihr allein die große Kunst lernen konntet, alles dieses und noch mehr zu ertragen!

Der gröste, der einzige Lehrer der Bauern, ist meist ihr Pfarrer, höchstens noch dabey ein Schulmeister. Es ist genug an einem, wenn er seine Schuldigkeit thut. Aber laßt uns nicht uns selbst schmeicheln. Wer denkt noch bey Bestellung der Pfarrdienste auf dem Lande an den erhabenen Endzweck, welchem diese Stellen gewidmet sind? Seitdem die Religion eine Kunst geworden ist, seitdem haben wir unter hundert kaum zween Prediger zu sehen bekommen, welche im Stande wären, die Pflichten eines wahren Lehrers der Tugend zu erfüllen. Das Feld der Gottesgelahrtheit ist so groß, daß es noch niemand ganz durchlaufen hat. Gesegnet sey, wer sich mit einem ihm angemessenen Verstande, und mit einem rechtschaffnen Herzen hinein wagt. Aber, warum muß man es einem jeden eröffnen? Lehrt man den Tischer die Regeln der Mechanik, oder den Fleischer die Zergliederungskunst? Beynahe für eine jede Kunst hat man gewisse Auszüge gemacht, die ein jeder nach seiner Fähigkeit und nach dem Stande, wozu er bestimmt ist, benutzen kann. Nur den Lehrer von einer Gemeine, von etlich und funfzig gutwilligen Bauern, die selten weiter sehen, als man ihnen die Augen öffnet; nur einen solchen führt man an, als ob er das große Werk der Heiden- und Judenbekehrung ausführen sollte. Der künftige Dorfpfarrer, der in seinem Leben oft nichts weiter suchte, nichts verlangte, als ein Dorfpfarrer zu werden, wird in alle Geheimnisse der Weltweisheit und der Geschichte, und der Sprachen, und, was ärger ist, als alles, der Polemik und der Homilie, die oft alle gute Empfindungen der Seele, und alle Anlagen der Natur zur Beredsamkeit zerstören, auf das feyerlichste eingeleitet. Selten ist sein Verstand, nie seine Zeit hinreichend, diese Dinge in ihrem Zusammenhange zu übersehen, und an ihre rechte Stelle zu setzen. Denn ohne dieß wird ihm nie gesagt, wozu er eine jede Wissenschaft gebrauchen soll. Hat er einige Fähigkeit, oder ist er mit Gewalt gezwungen worden, dieses oder jenes auswendig zu lernen, so wird er

seine

seine Bauern mit lauter Grundtext und Polemik martern. Hat er aber seinen gründlichen Endzweck, einen Pfarrdienst zu erhalten, mit mehr Freyheit zu erreichen gesucht, so lernt er, ich wette, mehr nicht als eine Stunde lang an einem fort zu schwätzen, und zu taufen, und zu kopuliren — O sind denn unsre Nebenmenschen nur da, um beprediget, getauft und kopulirt zu werden? — Es scheint fast! Denn, wer das kann, muß sehr unglücklich seyn, wenn er keinen Pfarrdienst bekommt. — Ferne sey es von mir, einen Stand zu verspotten, der alle Ehrfurcht verdient. Aber wenn mich mein Mitleiden über meine armen verwahrlosten Nebenmenschen nicht betrübte, so würde ich über euch lachen, die ihr unsre künftigen Geistlichen unterrichtet.

Man hat in unsern ökonomischen Zeiten eine neue Professur der Oekonomie errichtet, und sie der philosophischen Fakultät beygeordnet; sollte man nicht auch der Theologischen noch eine beyordnen, die man ohngefähr die **Professur der praktischen Gottesgelahrtheit** nennen könnte? Der Lehrer, der diese Professur übernimmt, braucht keiner von den hochstudirten Gelehrten zu seyn, aber er müßte noch ein wenig mehr, er müste ein rechtschaffner und vernünftiger Mann seyn; ein Mann, der seine Schüler nur gerade so viel lehrte, als hauptsächlich zu der Religion der Christen gehört. Das, was er lehrt, müste er mit vernünfnünftigen Gründen, und nur mit solchen unterstützen, die einen Eindruck auf die Herzen zu machen fähig sind. Zugleich mit einem solchen Unterricht in der Religion, müste er sich sonderlich bemühen, die Herzen seiner Zuhörer auch blos in den Grenzen der menschlichen Aussichten zur Tugend zu bilden, und ihnen die Sittenlehre mit eben so einfältigen und so leicht begreiflichen Beweisen beyzubringen, als sie künftig dieselbe ihren Bauern vortragen sollen. Dieser Lehrer müste die Schüler zugleich zu rechtschaffnen Menschen und zu rechtschaffnen Lehrern eines Volks machen, das nicht alles wissen muß, was man wissen kann; sondern nur so viel, als es braucht, um glücklich zu werden. Nähme man dann aus diesen Schülern die Dorfgeistlichen, so könnten, so würden sie gewiß unter ihren Zuhörern die Tugend auf eben die Art, mit eben dem Erfolg ausbreiten, mit welchem mein Freund sie seinen Bauern eingeflößt hat. Man brauchte einen solchen Kandidaten bey seiner Bestellung nicht viel zu examiniren. Sein Lebenswandel würde zu einem völligen Beweise seiner Geschicklichkeit dienen. Liebt er seinen Nebenmenschen aufrichtig; fehlt er seltner als andre; fehlt er ungern; denkt er natürlich und vernünftig von der Tugend und der Religion; hat er die Gaben, sich rein und deutlich auszudrücken, und will er nicht für gelehrt gehalten werden: so ist er tüchtig zum Dienst, und wenn er nicht einmal wüßte, daß eine Polemik in der Welt wäre.

wäre. — Diejenigen, welche diese Eigenschaften nicht haben, die mögen — sie mögen werden, was sie wollen — nur keine Dorfpfarrer. Macht man doch auch keinen zum Soldaten, der ein Krippel geworden ist, und wenn er auch sein halbes Leben im Kadettenkorps zugebracht hätte. Es müste schlimm seyn, wenn nicht noch eine Zoll- oder eine Accisebedienung, oder eine Handwerkszunft, für einen solchen verunglückten Kandidaten übrig wäre? Freylich müßte aber alsdann dieser verunglückte Kandidat nicht eine wärmere Stube, oder einen bessern Rock haben, als der redliche Mann, der sich geschickt gemacht hat, durch sein Beyspiel und durch seine ungekünstelte Weisheit, den besten und nützlichsten Theil der menschlichen Gesellschaft, auch zum rechtschaffensten und glücklichsten zu machen?

Wie soll aber ein Mann, der so wenige Gelehrsamkeit hat, dem Feinde der Religion, wie soll er seinen eignen Zweifeln widerstehen? Er? — wenn einer seiner Bauern ein Feind der Religion ist, so soll er desto eifriger seyn, das Herz dieses Elenden zu bessern; und kommt ein Fremder, und verfolgt die Religion bis in die ruhige, sanftmüthige Gesellschaft seiner Gemeine, so soll er — ihn bitten, sich Gelehrte zu suchen, die gern widerlegen. Zweifelt er aber selbst — Mein Gott! wenn alle die, die manchmal zweifeln, immer ein Kollegium über die Polemik hören müßten, wo würden wir

wir Professoren genug hernehmen? Habt ihr den Mann gelehrt, ein rechtschaffner Mann zu seyn; habt ihr ihn so weit gebracht, daß er erkennt, wie wenig ein Mensch zu wissen im Stand ist, und daß er fühlt, daß die Religion ihn immer glücklich, nie unglücklich macht, so wird er nicht lange zweifeln, so wird sein Zweifel ihm nicht schaden.

Ich weiß nicht, ob der Einfall einer solchen Erziehung junger Geistlicher, den schon lange vor mir ein rechtschaffner Geistlicher gehabt hat*), jemal ausgeführt werden wird; allein ich weiß, daß viele Geistliche sich eifrigst wünschen, auf diese Art erzogen worden zu seyn. Wenn sie itzt mit dem brennendsten Wunsch, ihre Gemeine tugendhaft zu machen, zu ihren Geschäfften gehen, so stoßen ihnen auf allen Schritten so viele gelehrte Einfälle auf, daß sie, mit dem besten Willen, natürlich und faßlich zu seyn, und mit ihren Lehren einen lebhaften Eindruck zu machen, dennoch immer ihres Endzwecks verfehlen, und das Misvergnügen haben, nach stundenlangen Unterredungen und Predigten, ihre Bauern eben so dumm und so gefühllos von sich zu lassen, als sie zu ihnen kamen **). Diesen hoff ich mit gegen-

*) Herr Generalsuperintendent Jakobi, in seinen vermischten Abhandlungen.

**) Man sehe des Herrn Pfarrer Schmahlings vortreffliche Predigten auf dem Lande, in der Vorrede.

gegenwärtigen Blättern, welche ich aus den Lehrstunden meines Freundes gesammelt habe, kein unangenehmes Geschenk zu machen. Sie werden aus ihnen lernen, wie man die Sittenlehre vortragen soll, um sie nach dem Begriffe derjenigen Leute einzurichten, mit welchen sie umgehen. Dieses ist auch die einzige Absicht dieses Werks.

Der Name eines moralischen Katechismus kommt ihm eigentlich nicht zu. Es ist in der That nichts als der Stoff, aus welchem ein jeder Lehrer den Katechismus nehmen soll, welchen er seinen Schülern und Zuhörern beybringen will. Mit einer geringen Fähigkeit wird ein jeder die Scenen, die hier vorausgesetzt werden, nach denen einrichten, welche er vor Augen hat. Er soll nur lernen, von den Pflichten der Menschen natürlich zu denken, und bey jeder die Sinnlichen, auch dießseits des Grabs fühlbaren Endzwecke zu finden, auf welche sie sich beziehen. Er soll nur die Art des Vortrags lernen, durch den mein Freund so viele Gewalt über die Herzen seiner Schüler erhielt; er soll lernen, wie man unterrichtet, ohne zu lehren.

Mein Freund hat weder den hohen Ton der Redekunst, noch die schläfrige Methode der Fragen und Antworten gewählt. Jene hätten seine Bauern nicht verstanden, und diese mag vortrefflich seyn, wo nur das Gedächtniß mit Begriffen erfüllt werden soll; sie ist aber ganz unnütz, ganz schädlich, wo die Hauptabsicht dahingehen muß, daß das Herz gerühret, und der Mensch in seinen freyen Handlungen eingeschränkt werden soll. Die Lehrsätze der Moral, und selbst alle diejenigen Vorschriften der Religion, welche die Handlungen der Menschen bestimmen, sind nicht anzusehen, wie Zaubersprüche, die man nur hersagen darf, um eine gewisse Wirkung hervorzubringen. Unsre Empfindungen allein sind die unmittelbaren Quellen aller unsrer Handlungen, und diese erregt weder die Redekunst, deren Schwung der Verstand und die Einbildungskraft des Zuhörers nicht erreicht, noch das Herbeten einiger Worte, wobey sich anfangs blos das Gedächtniß, und bald blos der Mund beschäfftigt.

Man wird sich nicht wundern, daß ich in diesem moralischen Katechismus so wenig von der Religion rede, und nur im Allgemeinen stehen bleibe. Mein Freund hütete sich sorgfältig, mit seinen Schülern ehe davon zu reden, bis ihr Herz zu den edelsten grösten Empfindungen reif war. Die Religion, sagt er, erfordert eine ganz besondere Erweiterung des Herzens und der Aussichten des Verstandes, wenn sie einen Bewegungsgrund zu guten Handlungen abgeben soll. Sie unterhält uns mit lauter Dingen, die so sehr über unsre Begriffe erhaben sind; sie verspricht uns lauter Belohnungen, die so edel, so blos der denkenden

den Seele angemessen sind, daß sie, ohne eine außerordentliche Wirkung der Gnade, unmöglich eher auf menschliches Herz Eindruck machen kann, als bis dieses Herz den Werth der menschlichen Tugend fühlen gelernt hat. Die menschliche Tugend lohnt zugleich auf zweyerley Art. Ihre Belohnungen sind theils sinnlich, theils geistig. Jene rühren den rohesten Menschen. Man muß also anfangen, ihm blos jene vorzustellen. Erreicht er sie, so folgen die andern von selbst. Und hat er diese andere dann erst geschmeckt; hat er erst aus Erfahrung gelernt, daß seine Seele zu einem Vergnügen fähig ist, das ohne Mitwirkung des Körpers bestehen kann, dann erst ist er im Stande zu begreifen, was das heiße, ein Freund Gottes seyn; dann erst ist er fähig, sich einen Begriff von einer Glückseligkeit zu machen, die er genießen soll, wann sein Leib lange modert, sein Feld ihm nicht mehr blüht, sein Weib, seine Kinder, seine Freunde von ihm getrennt sind, und die ganze Welt für ihn nicht mehr ist. Will man den rohen, blos sinnlichen Menschen eher durch Religion zum Guten bewegen, so wird er entweder ganz kalt bey Vorstellungen bleiben, zu welchen seine Seele nicht gestimmt ist; oder er wird von der Religion nichts als sinnliche Belohnungen erwarten. Er wird sein Gebeth und seinen Dank gegen Gott nach dem Maaße seiner Erndte, und seine ganze Frömmigkeit nach dem Wechsel seines Glücks einrichten. Gott

lehre

lehrt an mehr als einem Orte, wie verhaßt
ihm ein solcher Dienst ist. Und wie könnte er
ihm auch gefallen? Mein Freund billigte es
deswegen nie, daß man die Sittenlehre auf den
Begriff von Gott baue. Dieser Begriff, sagte
er, wirkt nur auf feine Seelen; und sollen die
Seelen verfeinert werden, so müssen sie schon
durch die Moral gebildet seyn. Deswegen
sprach er auch mit Kindern nie vor der Zeit
von der Religion, als einem neuen, besondern
Bewegungsgrunde zur Tugend (*). Der Verstand der Kinder, sagte er, ist noch zu schwach,
als

(*) Ich bin keiner von denen, welche gar nicht zugeben wollen, daß man mit Kindern etwas
von der Religion rede. Mein Freund war
auch weit von diesem Gedanken entfernt. Ich
glaube vielmehr, man sollte Kindern nicht allein früh Begriffe von Gott, und sonderlich
von seiner Allmacht, von seiner Allwissenheit,
seiner Allgegenwart und seiner Heiligkeit beybringen: sondern, welches am wirksamsten
und nützlichsten seyn möchte, sie selbst unerinnert oft bemerken lassen, daß man einen heiligen, einen allwissenden, einen allgegenwärtigen Gott glaube. Ein andächtiges, selbst
durch äußere Zeichen der Ehrfurcht, feyerliches Gebeth der Eltern in Gegenwart der Kinder, kann hier viel Gutes stiften; und vernünftige Unterredungen von diesen Gegenständen mit Erwachsenen, aber vor den Augen der
Kinder, müssen einen tiefern Eindruck machen,
den man alsdann seiner eignen Wirkung bis
zur gehörigen Zeit wohl überlassen kann. Ich
tadle es sogar nicht, daß man die Kinder
manche

als daß er einen solchen Bewegungsgrund überdenken könnte. Die Einbildungskraft drehe ihn also nach ihrer Weise. Und was machen sich die Kinder nicht alsdann für Begriffe von Gott? Selbst ihre Empfindungen sind blos an sinnliche Gegenstände gewöhnt, wie können die großen Aussichten der Religion auf sie eine Wirkung thun?

Diese Gedenkungsart meines Freundes, und die Behutsamkeit, mit welcher er mit seinen Schülern von den Geheimnissen der Religion manche theoretische Wahrheiten der geoffenbarten Religion bald auswendig lernen läßt. Nur wollte ich nicht, daß man den Kindern etwas zu thun befehle, weil es Gott belohnt; oder verbiete, weil es Gott bestraft. Hat iemal Rousseau, als ein ächter Philosoph gesprochen, so ist es da, wo er behauptet, daß man bey Kindern, so viel möglich, keine andren als die fühlbaren, wahren, natürlichen Folgen der Handlungen, zu Bewegungsmitteln zur Tugend gebrauchen soll. Die Strafen, welche das Lehrgebäude der Religion drohet, sind zwar vielleicht auch wol nur natürliche Folgen der lasterhaften Handlungen; aber ihre Belohnungen haben eine weit höhere Quelle, und auch das Verhältniß der Strafen, welche die Offenbarung dem Lasterhaften drohet, kann nicht ohne vieles Nachdenken, selbst von einem geübteren Verstand erkannt werden. Wer aber über sich selbst nur ein wenig nachgedacht hat, der wird gewiß bemerkt haben, daß die größte ergiebigste Quelle der

gion sprach, schienen mir allzugegründet, als daß ich davon hätte abweichen sollen. Ich bin vielmehr noch weiter gegangen, und hab auch vieles weggelassen, was mein Freund von Zeit zu Zeit bey schicklichen Gelegenheiten von diesen Materien einmischte; nur die lebhafte Wendung, mit welcher er einsmal seine kleinen Freunde darauf führte, hab ich am Schlusse mit angebracht. Ihm gehört übrigens der ganze Katechismus. Ich fand allzuviel Vergnügen in seinem Unterrichte der kleinen Freunde, die er sich erwählt hatte, als daß ich eine Gelegenheit, ihn mit anzuhören, hätte vorbeygehen lassen sollen. Sobald er seine Schul entließ, gieng ich hin, und schrieb alles auf, was ich gehört hatte, und itzt bring ich es blos in eine Form und eine gewisse Ordnung, denn mein Freund bande sich an keine, und wollte sich lieber immer der Gelegenheit bedienen,

der Laster unter den Menschen darinn zu suchen sey, daß wir ein gegenwärtiges, kurzes, aber gewisses Glück, das ein künftiges, langes, aber nicht so gewiß scheinendes Leiden nach sich ziehen kann, immer einem künftigen, grossen, unendlichen, aber nicht ganz gewiß scheinenden Glücke, das wir durch ein gegenwärtiges, kurzes aber gewisses Leiden erkaufen sollen, vorzuziehen pflegen. Stellen wir uns Glück und Unglück als gleich gewiß, und gleich groß vor, so mögen wir noch so lasterhaft seyn, wir werden uns immer für jenes erklären,

ren, die er sich machte, oder die sich ihm von selbst darbot.

Um die langweiligen Umschweife der Erzählung von dem, was ein anderer gesagt hat, zu vermeiden, lasse ich ihn von Anfang bis zu Ende selbst reden, und meine Leser werden keine Mühe haben, sich den rechtschaffenen Alten in dem Kreise seiner aufmerksamen Schüler vorzustellen. Wer sich aber diese Scene lebhaft vorstellt, der wird sich auch nicht wundern, daß in dem Katechismus manche Pflichten nur kurz berührt, manche gar übergangen worden sind. Für das Alter, in welchem die Zuhörer meines Freundes waren, schickte sich z. B. der Unterricht von der Liebe unter den Geschlechten gar nicht, und eine weitläuftige Ausführung der Pflichten, der Erziehung u. d. g. würde bey Kindern lächerlich gewesen seyn. Ein Leh-

ren, immer bereit seyn, es auch durch ein geringeres Leiden zu erkaufen, wenn wir anders nur frey handeln können. Sollen also entfernte Seligkeiten den Sieg über ein gegenwärtiges Gut erhalten, so muß erst der Verstand fähig seyn, jene recht zu erkennen, um von ihrer Gewißheit sich zu überzeugen. Sollen geistige Glückseligkeiten den angenehmen Empfindungen gereizter Sinnen vorgezogen werden, so müssen wir erst im Stande seyn zu fühlen, daß diese Glückseligkeiten wirklich Glückseligkeiten sind.

Lehrer der Tugend wird, ist er anders so beschaffen, wie er eben gezeichnet worden ist, bey dem Unterrichte der Erwachsenen, diese Mängel leicht ersetzen können. Es ist auch um eben der Ursache willen nichts von den besondern Pflichten des weiblichen Geschlechts eingemischt worden. Mein Freund vernachläßigte die Erziehung dieses liebenswürdigen Theils der Menschen, von dem ein so großes Stück des wahren Wohls und der Glückseligkeit der Welt abhängt, gewiß nicht. Allein ich mußte eine gewisse bestimmte Art von Zuhörern festsetzen, wenn ich dem Vortrag meines Freundes folgen, und nicht in dem Allgemeinen stehen bleiben wollte. Allgemeine Sätze sind zum Wachsthum und zur Erweiterung des Verstandes unumgänglich nöthig; aber zur Besserung des Herzens, zur Rührung, zur Lebhaftigkeit der Ueberzeugung helfen sie wenig.

Wie groß würde übrigens meine Belohnung seyn, wenn diejenige, welche die Pflicht auf sich haben, die Sitten und die Herzen der Jugend zu bilden, aus diesen Blättern Gelegenheit nehmen wollten, die Tugend in dem Gesichtspunkte zu fassen, und ihren Schülern vorzustellen, in welchem sie mein Freund den Seinigen vorhielte? Sollte die Verbesserung der Sitten nicht dabey unendlich gewinnen?

Ich wünschte freylich, daß diese Verbesserung lieber an den Höfen und in den Städten anfieng.

anfieng. Dort sind die Beyspiele der Tugend viel glänzender, und folglich die Ausbreitung und Nachahmung derselben am leichtesten. Allein der Zustand und die Verhältnisse der Menschen sind dort so verwickelt, die Zerstreuungen so groß, die Geschäfte so weitläuftig, die Absichten der Erziehung so mannichfaltig, daß da eine Verbesserung der Sitten nur schwer und langsam von statten gehen kann. Auf dem Lande ist das Leben einfacher, die Pflichten leichter, die Verführungen geringer, und — darf ich es sagen? — die Vernunft und die Denkungsart natürlicher. Da muß also die Sittenbesserung auch am leichtesten seyn. Ja, wer weiß, ob nicht auch da, das liebenswürdige Beyspiel der Tugend, vieles zur Besserung der obern Stände beytragen würde? Wenn der Landmann einmal vernünftig und tugendhaft gemacht worden ist, so schämt sich vielleicht der Junker dümmer zu seyn als er; dann schämen sich die Stadtleute vor dem Dorfjunker; und der Hofmann vor den Stadtleuten; und der Regent — wird sich freuen lauter tugendhafte und rechtschaffene Unterthanen zu haben.

Ist dieß zu wenig, ihr Großen der Erde? — Ohne euch ist keine Verbesserung der Sitten zu hoffen! Wenn ihr winket, so fliehet das Laster, und raset hier und mordet dort; winket auch einmal der Tugend. Sie ist die sicherste Stütze eures Throns, sie wird euch zu Herrn

der

der Herzen machen, sie wird euer Andenken bey unsern Enkeln verewigen. Sie allein macht euch groß und glücklich! Wenn ihr je empfunden habt, wie leer der Glanz des Purpurs, und das erkaufte Lob des Schmeichlers eure Herzen lassen; wenn ihr je gemerkt habt, wie eingeschränkt eine Gewalt ist, die sich nicht auf Liebe und Treue und gewissenhaften Gehorsam der Unterthanen gründet; wenn ihr euch je erinnert habt, daß ihr auf dem Throne noch immer Menschen seyd, und daß alle eure Vorrechte, eure Gewalt, euer Ansehen mit dem letzten Hauche verfliegen: o so trauet dem Verführer des Vaterlandes nicht, der euch nur aufmerksam auf die Güter, und gleichgültig gegen die Sitten eurer Unterthanen machen will. Keine Unterthanen lieben ihre Fürsten treuer, eifriger und redlicher, als die, welche die Tugend lieben. Keine Verehrung ist einem großen Herzen schätzbarer, als die Verehrung, die ihm der Rechtschaffene weihet. Nichts kann selbst Könige am Rande des Grabes, bey dem Verlust aller weltlichen Herrlichkeiten, besser trösten, als der Gedanke, daß ihre Unterthanen sie als Väter, die sie glücklich gemacht haben, beweinen; daß ihre Namen unter den menschenfreundlichen Königen, unter den Weisen glänzen, und daß die Augen, die alles sehen, mit Wohlgefallen auf sie herab sehen werden. O daß ich, ehe ich sterbe, die Tage sähe, in welchen Fürsten die Ausbreitung der Tugend zum ersten Gegenstand ihrer Regierungsſorgen machen! — Bis dahin, ihr unbekannte Freunde der Tugend, bis dahin wollen wir in dem ſtillen Beyfall unſers Herzens und in dem Wohlgefallen unſers Gottes unſere Glückſeligkeit ſuchen; und da wir ſonſt ſo wenige Beyſpiele haben, die uns zur Tugend ermuntern; ſo wollen wir oft, täglich die Beyſpiele unſerer beſſern Voreltern betrachten, und ſie in Menſchenliebe, in Redlichkeit, in Treu, in ihrem ganzen Werth noch zu übertreffen ſuchen. Finden wir aber auf unſerm Weg ein reines, ein ſanftes, ein fühlbares Herz, ſo wollen wir dieſes zur Tugend bilden; und können wir einen verwilderten Staat nicht aus ſeinem Verderben reiſſen, doch wenigſtens unſern Kindern Freunde ſchaffen, die ihrer und unſerer würdig ſind!

Es iſt nun Zeit, daß ich meinen Freund reden laſſe.

Katechismus der Sittenlehre für das Landvolk.

Ihr Kinder, sprach mein Freund in der aufmerksamen Versammlung seiner Zuhörer; ihr Kinder, höret mir zu! Ihr wißt, ich bin mit euren Eltern grau geworden, und wir haben mit einander vielerley Arten von Unglück auszustehen gehabt. Einiges haben wir nicht verhindern können, wie vor einigen Jahren, da der Feind unser Feld verheerte und unsere Häuser abbrannte; oder wann wir unsere Weiber, oder unsere Kinder, oder unsere Freunde verloren haben. Manches aber hätten wir freylich abwenden können, wenn wir klügere und bessere Menschen gewesen wären.

Ich werde nun nicht lange mehr leben, ich werde auch nicht immer bey euch seyn; denn ihr kommt vielleicht in einigen Jahren bald hier, bald dahin. Auch eure Eltern werden nicht immer

immer bey, euch seyn; denn auch sie können sterben, und wann ihr einmal heranwachset, so kommt ihr in eure Freyheit, und seyd ihr dann nicht klug und keine gute Menschen, so macht ihr euch gewiß selbst unglücklich. Entweder krank oder arm, oder bey euren Nebenmenschen verhaßt, oder mißvergnügt. Und was nutzt euch dann alles auf der Welt?

Eure Eltern können euch nicht lieber haben, als ich euch habe, und wenn ich stürbe, und wüßte, daß ihr einmal euch selbst unglücklich gemacht haben solltet, lieben Kinder, ich würde auf meinem Todtbette mich nicht trösten lassen! Doch ich weiß, ihr werdet einen alten Mann nicht so betrüben, und damit ihr es nicht aus Unwissenheit thut, so will ich euch jetzt alles sagen, was euch, wie ich glaube, so klug und zu so guten Menschen, und deßwegen so glücklich machen kann, als nur immer möglich ist.

(Pflichten gegen den Körper. Gesundheit.) Nicht wahr, meine liebe Kinder, ihr seyd schon alle manchmal krank gewesen? Waret ihr gerne krank? Hättet ihr nicht lieber gesund seyn mögen? Wann ihr krank waret, so schmeckte euch kein Essen und kein Trinken; ihr mußtet den ganzen Tag im Bette bleiben; wann eure kleine Freunde auf der Wiese sprangen und spielten, oder sich im Flusse badeten, oder sonst sich eine Lust machten, so war euch das alles verwehrt. Ihr
fühl-

fühletet bald hier bald da Schmerzen, ihr konntet des Nachts nicht schlafen, und alles was um euch war, war euch unausstehlich und unangenehm. Möchtet ihr noch einmal krank seyn? Nicht? Ihr habt recht! Aber jetzt wißt ihr noch kaum halb, was euch daran gelegen seyn muß, recht gesund und stark zu seyn. Ich habe, da ich noch ein Jüngling war, einen guten Freund gehabt, der war sechs Jahre lang krank. Der arme Mann hatte eine Frau, und fünf Kinder, die noch jünger waren als ihr. Er war in recht guten Umständen, ehe er krank wurde. Er hatte ein Haus, das sein eigen war, ein ziemlich grosses Feld, und die beste Heerde in dem Dorfe. So lange er selbst sein Feld und seine Heerde bestellen konnte, war er recht glücklich; allein so bald er krank wurde, kam alles Unglück zusammen. Er hatte einen Knecht, dem er nun alles überlassen mußte, und der böse Mensch versäumte Feld und Heerde, und bestahl ihn noch überdieß an der Erndte und an den Nutzungen seiner Heerde, wovon doch mein kranker armer Freund leben mußte. Dem bösen Knecht ist es zwar freylich in seinem ganzen Leben nicht wohl gegangen, denn kein Mensch wollte etwas mit ihm zu schaffen haben, weil man mußte, daß er meinen Freund betrogen und bestohlen hatte; aber mein Freund wurde dem ohngeachtet in den vier ersten Jahren seiner Krankheit so arm, daß er von seinem Feld ein Stück nach dem andern verkaufen mußte, und seine Heerde war auch schon weg.

Hätte

Hätte er mir oder sonst nur einem Menschen ein Wort gesagt, wir hätten es gewiß nicht so weit kommen lassen. Aber mein Freund schämte sich, uns seine Armuth zu entdecken, und dadurch kam er immer mehr und mehr zurück; denn seine Frau taugte nicht viel in die Wirthschaft, und seine Kinder waren noch ganz unerzogen. Endlich wurde es immer schlechter und schlechter mit meinem Freunde. Wir ließen einen Arzt aus der benachbarten Stadt kommen, und der redliche Mann besuchte ihn fleißig, ohne weiter von meinem Freund etwas zu verlangen, als daß wir ihm immer ein Pferd zuschickten, um ihn herbey zu holen. Noch ein Jahr erhielte er dem armen Kranken das Leben, endlich aber mußte er sterben. Ich bin bey seinem Tode gewesen, meine Kinder, aber ich kann euch nicht sagen, wie mir zu Muthe war, da er mir ganz allein sein Elend klagte. Seine Krankheit kam von nichts als von dem übermäßigen Gebrauch hitziger Getränke, die ihn nach und nach verzehrten. Sie war unheilbar, und er sturbe auch sonst recht gern. Aber denkt, wie viel er in den sechs Jahren ausgestanden hatte, und wie ihn das auf seinem Todtbette schmerzen mußte, daß er nun fünf unschuldige Kinder, die er liebte, und die er hätte glücklich machen können, in einer solchen Armuth hinterlassen mußte, daß sie kaum ihre Leiber bedecken konnten?

Hätte

Hätte er sich die Krankheit nicht zugezogen, so wär er noch vielleicht itzt einer der reichsten Bauern, und könnte unter seinen Kindern vielleicht vergnügter leben als unser König, der immer so viel zu sorgen hat. Stellt euch einmal itzt an den Platz des armen Vaters. Ich weiß, ihr habt mich lieb. Denkt nun einmal, wie es euch zu Muthe seyn würde, wenn ihr mich so elend gemacht hätter, als die armen Kinder wurden, und wenn ihr dabey selbst so viele Schmerzen so lange Zeit ausstehen müßtet, und darüber alles, was ihr habt, zu Grunde gehen sähet? Denkt, wann ihr einmal in eine solche Krankheit verfallen würdet, die euch so arm gemacht hätte, und ihr würdet wieder gesund, und müßtet nun gehen, und entweder euer Brod betteln, oder bey andern es durch eure Arbeit suchen, da ihr vorher selbst Knechte halten konntet; wie unglücklich würdet ihr da seyn? Wie würdet ihr euch vor euch selbst schämen? Was für Vorwürfe würdet ihr euch machen müssen, wenn ihr sogar selbst an eurem Unglück schuld wäret? Nein, Kinder! hütet euch vor allem, was euch krank machen kann. Oft ohne Hunger und Durst essen und trinken, zu viel essen, zu viel, sonderlich starke Getränke trinken, gefährliche Spiele wagen, alles das kann euch krank machen, und wenn ihr krank seyd, so wißt ihr, wie elend ihr werden könnt.

(Arbeitsamkeit.) Auch die Faulheit macht euch krank. Nicht wahr, wenn ihr zu lang geschla=

schlafen habt, so geht ihr verdrossen an eure Arbeit, und wann ihr euch nicht beweget habt, so schmeckt euch das Essen und das Trinken lange nicht so gut, als wann ihr recht herum gesprungen seyd. Das ist schon eine Anzeige einer Krankheit, und wenn diese lange anhält, so wird sie immer stärker, und ihr werder endlich ganz zur Arbeit untüchtig. Vor eurer Zeit saß oft an dem Dorfe ein armer Mann, den eure Eltern gemeinschaftlich erhielten. Der Mann hatte Hände und Füße, wie der Stärkste unter euch nur immer haben kann. Allein der arme Mann war in der Stadt von reichen Eltern erzogen worden. Er stunde sonst nie vor Mittag aus dem Bette auf, dann aß er, und wann er gegessen hatte, dann setzte er sich hin, und spielte bis um Mitternacht, und dann schlief er wieder bis an den andern Mittag. Wenn er ausgehen mußte, so ließ er sich immer fahren, und wenn er etwas zu thun hatte, das die geringste Bewegung erforderte, so hatte er immer vier bis fünf Leute, die alles für ihn thun mußten. Er hatte das Unglück, daß er um sein Vermögen kam. Und da er sich schämte an dem Ort zu betteln, wo er vorher so bequem gelebt hatte, so kam er auf das Land und wollte wirklich sich bey einem Bauer zum Knecht brauchen lassen, um nur sein Leben zu erhalten. Allein, wann er eine halbe Stunde gearbeitet hatte, oder nur in das nächste Dorf gehen sollte, so fiel er ohnmächtig nieder, und wir sahen endlich, daß wir ihn nicht brauchen

konn-

konnten, weil er so schwach war; denn er hatte zwar Hände und Füße, aber sie waren ihm zu nichts nütze. Nehmt euch in acht, Kinder, daß ihr nicht auch so werdet!

Womit solltet ihr euch ernähren, wenn ihr auch eure Hände und Füße nicht brauchen könntet? Und das geschieht gewiß, wann ihr nicht fleißig arbeitet. Dann seht, wann ihr esset oder trinket, so muß alles, was ihr esset oder trinket, durch eure Hände, eure Füße, euren Kopf, euren ganzen Leib wieder vertheilt werden. Wann ihr lange gefastet habt, so werdet ihr matt und elend, denn euren Gliedern fehlt die Nahrung, die ihnen Kraft giebt. Esset ihr nun, ohne recht darauf zu arbeiten, oder arbeitet ihr nicht recht, ehe ihr esset, so bleibt euer Essen in dem Magen größtentheils liegen, und eure Hände, eure Arme, eure Füße bekommen kaum halb so viel Nahrung als sie brauchen, um stark zu werden, und eure Arbeit zu thun. Auch die Glieder werden selbst durch die Ruhe steif und unbiegsam. Versuchts einmal, und schließt einen Vogel lang in einen Käfig ein, und laßt ihn dann fliegen; wie matt wird er herum flattern, bis er sich wieder gewöhnt hat? Eben so geht es auch, wenn ihr euch an den Müßiggang gewöhnt, und wenn ihr lange nichts gethan habt, so könnt ihr auf die letzt fast gar nichts mehr thun. Und wie unglücklich seyd ihr dann nicht, wenn ihr immer zu einer jeden Arbeit andere zu Hülfe rufen

müßt,

müßt, die nicht mehr Füße haben als ihr, und die dazu selten alles thun, wie ihr es verlanget, oft euch nicht helfen wollen, und oft mehr für ihre Mühe verlangen, als die Arbeit werth ist, die ihr ihnen aufträgt. Wenn ihr alsdann sehet, daß eure Felder nicht recht gepflügt, eure Wiesen nicht recht umzäunt, eure Bäume nicht recht behauen sind, dann werdet ihr stehen und euch betrüben, daß ihr die Kräfte, die ihr hattet, eure Arbeit selbst zu verrichten, so verwahrloset habt. Aber dann ist es zu spät, dann kann euch nichts mehr den Verlust eurer Kräfte ersetzen. Laßt euch also nicht verdrießen zu arbeiten. Wann ihr des Morgens auf dem Felde ermüden wollt, so denkt immer: wenn ich jetzt nachlasse, so wird mir das Essen nicht halb so gut schmecken, als gestern; ich werde künftig nicht halb so viel mehr arbeiten können, als jetzt. Wann ihr am Abend nach der Ruhe seufzet, so denkt: wer weiß, ob ich so sanft schlafe als die vorige Nacht, wenn ich nicht auch so arbeite, als gestern? Und wann ihr am Morgen eure Betten ungern verlaßt, so erinnert euch an den Bettler, von dem ich euch gesagt habe. Denn, wann ihr zehn Jahre lang gefaulenzt habt, so ist die Zeit vorbey, und ihr seyd unglücklich, weil ihr den Gebrauch eurer Kräfte verlohren habt; habt ihr aber zehn Jahre lang gearbeitet, so ist die mühsame Zeit auch herum, und ihr habt nicht allein eure Kräfte noch immer vermehrt, sondern es wird euch auch gar nicht mehr schwer, dem Müßig-

gang

gang zu entsagen. Es ist ohne dieß nichts angenehmes, müßig zu gehen. Wir haben alle noch so viele Dinge in dem Gesicht, die wir gerne haben möchten, und die wir nicht erhalten können, die fallen uns alsdann alle ein, und dann ärgern wir uns, und werden murrisch und so verdrießlich, daß es uns kein Mensch mehr recht machen kann. Oft fangen wir auch dann an, zu diesem oder jenem Lust zu bekommen. Wir essen ohne Hunger, wir trinken ohne Durst, und machen uns auf diese Art immer unglücklich, krank und elend, meistens auch arm; und dann hat kein Mensch mehr Mitleiden mit uns. Dann heißt es, der Müßiggänger könnte so reich seyn als ich, wenn er etwas hätte thun wollen. Er verdient nicht, daß wir ihm helfen. O Kinder, die Arbeit mag so sauer seyn als sie will, das ist noch zehnmal unerträglicher. Zwar immer zu arbeiten tauge auch nichts. Der Körper kann (*Vergnügen.*) es nicht ausstehen, wann ihr ihn beständig ermüdet, und auch das Vergnügen gehört mit zu eurem Glück. Ich brauche euch dazu nicht zu ermahnen. Denn, nicht wahr, es ist keiner unter euch, der nicht gerne spielt, und herum springt und sich lustig macht? Auch eure Eltern gehen am Abend zu ihren Freunden oder werden von ihnen besucht, und vergnügen sich mit einander. Springt Kinder, und seyd lustig, wenn ihr nichts zu thun habt; aber sorgt nur, daß ihr darüber eure Felder oder euer Hauswesen nicht versäumt,

säumt, und daß ihr das, was ihr brauchet, um bis zur künftigen Erndte, oder im Alter, oder bey einem Unglücksfall euch zu ernähren, nicht darüber verschwendet. Wenn man euch die Erlaubniß gäbe, eine ganze Woche nichts zu thun, als zu spielen, und euch lustig zu machen; aber mit dem Beding, daß ihr die andere Woche nichts zu essen haben, oder daß ihr in eurem Leben euch nicht wieder lustig machen solltet, wolltet ihr wohl um der einen guten Woche willen so viel schlimme ertragen? Das erfolgt aber gewiß, wenn ihr eure Arbeit, oder euer Hauswesen versäumt, um euch eine kurze Zeit über lustig zu machen. Wann diese Zeit vorbey ist, so müßt ihr darnach in eurem ganzen Leben immer arbeiten, und Mangel leiden, und habt keine vergnügte Stunde mehr zu gewarten. Es giebt auch Leute, die sich nicht anders vergnügt machen können, als wann sie lärmen oder schreyen, oder trinken. Das ist kein Vergnügen, Kinder, das euch glücklich macht. Ihr werdet fast immer sehen, daß die Leute, die so lärmen und schreyen, endlich entweder arm und krank, oder mit einander uneins werden, und dann schlagen sie sich, beleidigen einander, werden Feinde, und am Ende thut ein jeder alles, was er kann, dem andern zu schaden. Ein solches Vergnügen macht zuletzt nur unglücklich. Sonderlich ist das übermäßige Trinken schädlich. Ihr erinnert euch noch, was ich euch von meinem Freunde sagte, der dadurch krank und arm geworden

worden ist. Andere haben im Trunk ihre Weiber und Kinder, ihr Gesinde und ihre Freunde geschlagen, oder ihre Häuser angesteckt, oder sie haben mit andern Zänkereyen angefangen, und sind dafür geschlagen, oft gar um das Leben gebracht worden. Da sie nicht wußten, was sie thaten, so haben sie oft andern Dinge verrathen, die ihnen schaden konnten. Manche haben ihre Häuser und Güter in der Trunkenheit weggeschenkt, oder verspielt. Wenn sie dann ihr Wort nicht halten wollten, so haben diejenige, denen sie es gegeben hatten, sie so lange verfolgt, als sie lebten. Die Trunkenheit hat dabey noch den Fehler, daß man sich bald so gewöhnt, daß man nachher immer mehr trinken will, und fast, ohne betrunken zu seyn, nicht mehr leben kann. Ist man einmal so weit gekommen, dann ist man keinen Augenblick mehr sicher vor dem äusersten Elend. Anstatt zu arbeiten, geht man trinken. Und auf diese Art muß man zu Grunde gehen, und macht sich arm und krank. Ein jeder Rausch macht schon krank; denn wann er vorbey ist, so fühlt man ihn noch lange, und ist lange zur Arbeit verdrossen, und mit allem unzufrieden, und immer unglücklich. Wann ihr Männer seyd, Kinder, so dürft ihr tanzen, singen, und euch recht lustig machen; aber, nur macht es immer so, daß ihr dabey eure Arbeit nicht versäumt, euch nicht krank und arm machet, und daß ihr niemand beleidiget.

(Reinlich=
keit.) Noch ein Mittel muß ich euch sagen, das auch nicht wenig dazu beyträgt, euch gesund zu erhalten. Das ist die Reinlichkeit. Eure Arbeit ist nicht leicht. Oft fließen euch, wenn ihr im Feld arbeiten müßt, die Tropfen von der Stirn und von dem ganzen Leib. Seyd ihr nicht reinlich, so wird eure Haut zu dick, die Schweistropfen können nicht durchdringen, und daher entstehen viele recht schmerzliche Krankheiten. Auch sind eure Stuben und Häuser klein. Die Luft in einer unreinen Stube ist jedermann, und zumal euch, die ihr im Sommer immer in der freyen Luft seyd, ein recht gefährliches Gift. In eure Speisen, in die Garten= und andre Früchte, setzen sich allerley Unreinigkeiten; in dem Wasser leben allerley Arten von Ungeziefer und giftigen Eyern. Wenn ihr nun nicht darauf seht, das alles rein ist, was ihr um und an euch habt, so werdet ihr nach und nach verzehrt und elend. Badet euch deswegen oft im Sommer, wascht euch oft im Winter. Laßt oft die frische Luft in eure Stuben, und fegt den Staub, den ihr sonst bey dem Athemholen in euch saugt, heraus, und eßt und trinkt ja nicht alles ohne Unterschied, und ohne erst zu sehen, ob es auch rein und gesund ist.

Nun, Kinder! wißt ihr so ungefähr, wie ihr es machen müßt, daß ihr euren Körper nicht schlechter macht, als ihr ihn von Natur empfangen habt.

(Pflichten gegen die Seele.) Allein was nutzt euch der bloße Körper, wenn ihr ihn nicht auch zu brauchen wißt? Euer Pferd und euer Ochs ist noch viel stärker als ihr, und doch weiß er nicht, wie er sich glücklich machen soll. Stellt einmal euren Ochsen auf ein unbewachsenes Feld, und seht, ob er im Stande seyn wird, es zu bebauen. Oder gebt ihm für eine ganze Woche Futter in den Stall; er wird es gewiß in den ersten Tagen schon zertretten und gefressen haben, ohne Vorsicht für die Zukunft. Der Mensch ist eben darinn glücklicher, als das Vieh, daß er nicht blos nur so viel weiß, als er sieht oder hört, oder als ihm gerade vor Augen liegt, sondern daß er auch noch außerdem unendlich viele Sachen wissen kann, die er noch nicht gesehen hat, und die erst künftig geschehen. Wenn eure Eltern itze das Korn ausstreuen, das sie hätten zu Brod machen und verzehren können, so geschieht es blos deswegen, weil sie wissen, daß sie dadurch noch weit mehr wiederbekommen werden, als sie ausgestreut haben. Dieses und unendlich viele Dinge mehr lehrt die Vernunft. Sie ist zu eurem Glücke ganz unentbehrlich. Wenn ihr sie nicht habt, so könnt ihr nicht weiter für euch sorgen, als für jeden Augenblick, und seyd in Gefahr, den nächsten darauf zu Grunde zu gehen. Durch sie

sie aber lernt ihr bey allem, was ihr thut, er⸗
kennen, ob es euch gut oder nicht gut ist, und
ob ihr dadurch euer Glück macht, oder nicht.
Hätte der Mann, der sich vor einigen Jahren
unter uns niedergelassen hat, Vernunft gehabt,
so würde er sein schönes Kornfeld nicht zu ei⸗
nem Weinberge gemacht haben, der ihm,
wenn er jahrelang darauf wartet, anstatt des
guten Korns, nichts als schlechten Wein gibt;
und hätte der andre Vernunft gehabt, so hätte
er sein Pferd nicht mit einer solchen Last bela⸗
den, unter welcher es erliegen muste. Gebt
Acht, lieben Kinder, auf solche Beyspiele!
sie können euch am besten unterrichten. Und
wenn ihr oft an andern bemerkt habt, wie sie
es machten, um auf diese oder jene Art glück⸗
lich zu werden, und worinn es andre versehen
haben, wenn sie unglücklich geworden sind, so
werdet ihr immer besser und mehr lernen, wie
ihr es machen müßt, um glücklich zu werden
oder einem Unglücke zu entgehen. Wenn ihr
aber nur so dahinlebt, ohne euch zu bekümmern,
was eure Handlungen für Folgen haben, so
werdet ihr euch alle Augenblicke entweder in
Schaden bringen, oder die besten Gelegenhei⸗
ten, euch Vortheile zu schaffen, versäumen,
oder wenigstens so ungewiß werden, daß ihr
nie recht wissen werdet, was ihr thun oder
nicht thun sollt.

Haltet euch deswegen, sonderlich zu alten
Leuten. Uns bringt das Alter Erfahrung.

Wir glaubten oft, daß dieses oder jenes uns nützen würde; wir thaten es, und musten hernach dafür leiden. Laßt unsern Schaden euch zur Warnung dienen, und unternehmet nicht leicht etwas, ohne andre zu fragen, wenn ihr nicht aus der Erfahrung wisset, daß es euch nützlich ist. Zugleich könnt ihr noch immer vernünftiger und klüger werden, wann ihr die Kunst lernt zu lesen, was andre aufgeschrieben haben. Ihr kennt nur wenige Menschen, und die ältesten, die ihr kennt, haben kaum eine Erfahrung von sechzig oder siebenzig Jahren. Es können euch tausend Fälle vorkommen, die allen euren Bekannten nicht vorgekommen sind, und worinn weder ihr noch sie euch rathen können. Wenn ihr aber lesen könnt, so könnt ihr euch dadurch alles zu nutzemachen, was die Menschen von tausend und mehrern Jahren, und fast in allen Gegenden der Welt, gesammelt haben. Ihr werdet alsdann die Geschichten von allerley Leuten lernen. Von dem einen wird man euch erzählen, wie er in dem gröſten Ueberflusse misvergnügt und elend war; von dem andern, wie er bey seiner Armuth glücklich gewesen ist. Bald werdet ihr einen finden, der sich durch Müßiggang und Lüderlichkeit krank und elend gemacht hat; bald einen andern, der durch Falschheit und Betrug ein Abschen aller seiner Nebenmenschen wurde: und alles dieses wird euch nach und nach immer klüger und besser, und also immer glücklicher machen. Auch das wird euch das

Lesen

Lesen nutzen, daß ihr weniger betrogen werden könnt. Es gibt böse Menschen, denen man auf ihr Wort nicht trauen darf; wollt ihr diese zwingen, ihr Versprechen zu halten, so müßt ihr euch ihr Wort schriftlich geben lassen. Könnt ihr nun nicht lesen, so können sie euch hinschreiben, was sie wollen. Unser voriger Schulmeister war so ein böser Mann. Ein gutherziger Freund von mir borgte ihm eine kleine Summe Geld. Da er ihm aber nicht völlig trauen wollte, so ließ er sich eine Handschrift geben. Mein Freund konnte nicht lesen, und der böse Schulmeister schrieb, anstatt der Handschrift, einen Vers aus einem Lied auf ein Papier, und läugnete darnach die Schuld, und betrog auf diese Art meinen zu leichtgläubigen Freund. Wenn ihr lesen könnt, so seyd ihr wenigstens vor einem so groben Betruge gesichert. Aber auch schreiben müßt ihr lernen, Kinder! Nicht wahr, ihr vergeßt oft tausend Dinge, die ihr gerne behalten möchtet, und die euch glücklicher machen könnten, wenn ihr sie noch wüßtet? Könnt ihr sie nun aufschreiben, so vergeßt ihr sie gewiß nie wieder, wenigstens könnt ihr euch immer wieder daran erinnern. Ihr habt oft in benachbarten Orten zu einer Zeit, wann ihr nicht dahinkommen könnt, dieses oder jenes zu bestellen, das ihr niemand sagen wollt. Wenn ihr schreiben könnt, so könnt ihr eure Sachen in wenig Zeit ausrichten, ohne einen Schritt aus eurem Hofe zu gehn. Rechnen ist auch so nützlich! Es gibt

gibt oft ſchelmiſche Beamte, die euch, und euren König zugleich betrügen. Könnt ihr rechnen, ſo ſeyd ihr wenigſtens etwas gegen ſie geſichert. Ihr habt auch allerley zu kaufen und zu verkaufen; wie wollt ihr damit zurechte kommen, wenn ihr nicht ſelbſt ein wenig berechnen könnt, was euch zukommt? Jeder Betrüger kann euch alsdann um das Eure bringen, und ihr könnt euch nie einen Anſchlag machen, was ihr für Nutzen aus euren Gütern und aus eurer Arbeit ziehr. Itzt, da eure Eltern noch für euch ſorgen, iſt dieſes alles bald und ohne Mühe gelernt, und künftig wird es euch den gröſten Vortheil bringen. Aber wendet nicht auf dieſe Dinge all eure Zeit. Ihr ſeyd auf der Welt, das Feld zu bebauen, und eure Haushaltung in Ordnung zu halten. Dadurch werdet ihr am glücklichſten; denn dadurch erhaltet ihr euch beym Leben. Das müßt ihr alſo immer eure Hauptarbeit ſeyn laſſen. Ihr kennt den Barbier, der den Bauernhof des vorigen Schulzen gekauft hat. Der Mann lieſt und ſchreibt den ganzen Tag. Aber wie elend ſieht es auf ſeinem Felde aus? Das Leſen und Schreiben macht nicht allein glücklich. Der Barbier weiß von Königen und Fürſten zu ſprechen; es kommt keine neue Verordnung heraus, die er nicht unterſuchen und beurtheilen ſollte: und demohngeachtet ſteht er im Begriffe, Hunger zu leiden.

Suchet

Suchet nicht mehr zu wissen, Kinder, als ihr braucht, um als redliche Bauern glücklich zu seyn! Ihr werdet es aber nie werden, wenn ihr, anstatt zu pflügen oder zu erndten, wann es Zeit ist, da sitzet und leset, was euch nichts angeht, und was ihr vielleicht doch nicht verstehet. Nur dann, wann ihr in eurer Haushaltung und auf eurem Felde nichts mehr zu thun habt, nur dann mögt ihr lesen. Es wird euch recht gut seyn, und euer Pfarrer wird euch schon sagen, was ihr am besten lesen sollt.

(Pflichten gegen das Vermögen.) Ich glaub, ich brauch euch nicht zu sagen, daß es ein Unglück ist, wenn man hungert oder durstet, oder keine Kleider, oder kein Bett, oder kein Dach hat. Nicht wahr, das wißt ihr alle schon lang? Woher bekommt ihr aber dieß alles? Laßt euch eure Eltern noch so viel hinterlassen, es wird nicht lange bauern, wenn ihr es nicht zurathe haltet. Wenn ihr ein Stück Feld bekommt, was wird es euch nutzen, wenn ihr es nicht bebaut? Ihr könnt ja das Feld nicht essen; und baut ihr es, was nutzt es euch, wenn ihr nicht erndtet, und die Frucht aufhebt und verwahrt, und immer so vertheilt, daß ihr gerade nur so viel verzehrt, als nöthig ist; denn sonst werdet ihr bald gar nichts mehr haben. Wenn ihr fünfzig Scheffel Roggen erndtet, so wißt ihr, daß ihr von einer Erndte zur andern damit auskommen, und noch zur neuen Saat übrig haben müßt.

Haltet

Haltet ihr diese funfzig Scheffel nicht zu rathe, so habt ihr sie vielleicht schon verthan, ehe noch der künftige Roggen blüht. Ihr müßt indessen doch leben, bis ihr wieder erndten könnt. Dann geht ihr hin und borgt.— Wenn ihr borgt, so müßt ihr wieder zahlen, sonst borgt euch auf einandermal kein Mensch mehr. Erndtet ihr nun wieder funfzig Scheffel, und ihr habt zehen geborgt, so bekommt ihr nur noch vierzig. Ihr seyd im vorigen Jahre nicht mit funfzig ausgekommen, ihr werdet also itzt mit vierzig noch weniger ausrichten. Anstatt zehen, müßt ihr also zwanzig borgen, und auf diese Art kommt ihr immer mehr und mehr in Schulden, und endlich müßt ihr eure ganze Erndte andern überlassen. Kommt noch dazu ein Miswachs, so langt die Erndte nicht zu, und ihr müßt überdieß noch ein Stück Feld weggeben; langt sie aber auch zu, so müßt ihr doch leben, und dann habt ihr kein ander Mittel, als daß ihr ein Stück Feld dahingebt. Habt ihr weniger Feld, so erndtet ihr wieder weniger, und nach und nach müßt ihr alles verkaufen. Endlich geht es an das Haus; denn man kann ein Haus eh entbehren als das Essen. Ist das Haus fort, so geht es an die Kleider, und am Ende müßt ihr entweder nackend herumlaufen, oder als Knechte für andre arbeiten, oder gar betteln. Hättet ihr eure ersten funfzig Scheffel zurathe gehalten, so hättet ihr, anstatt zu borgen, vielleicht noch etwas davon verkaufen können. Das Geld, das ihr gelöst hättet,

hättet

hättet ihr vielleicht nach und nach zu Erkaufung mehrerer Felder angewendet. Ihr hättet also immer einen Vorrath gehabt, und wenn einmal ein Miswachs oder sonst ein Unglück gekommen wäre, so wäret ihr nicht gleich im Mangel gewesen, sondern hättet noch für euer Alter, wenn ihr nicht mehr arbeiten könnt, etwas übrig gehabt. Auch hättet ihr euern Freunden in der Noth beystehen, euern Nachbarn helfen, den Armen unterstützen können, und wäret, so viel es sich thun läßt, vor der Armuth in Sicherheit gewesen; wenigstens hättet ihr gewiß nicht die Armuth, die ihr euch selbst zuziehr, zu ertragen gehabt. Nichts zu haben, wenn man nichts haben könnte, das ist noch auszustehn. Ein solcher Armer findet immer mitleidige Freunde, die sich seiner annehmen, oder er kann für andre arbeiten und sich behelfen. Da er das immer gewohnt war, so wird es ihm nicht beschwerlich. Aber wenn man etwas gehabt hat, oder haben konnte, es durch seine Schuld vernachläßigen und verlieren, das, Kinder! ist das größte Unglück, das ihr leiden könnt. Kein Mensch gibt dem gerne, der nicht zu betteln brauchte, wenn er gewollt hätte. Und die Herren sind immer gegen ihre Knechte härter, wenn sie hören, daß die Knechte vorher das Ihrige durchgebracht haben: denn sie wissen, daß solche Knechte entweder faul, oder lüderlich oder betrügerisch waren. Sie glauben dabey, daß sie ungern dienen, da sie es besser haben könnten, und deswegen trauen sie ihnen nicht.

nicht. Sie verachten sie noch überdieß; und alles dieß zusammen macht sie härter, und dem Knechte den Dienst schwerer. Dienen aber muß er, und er hat dabey nicht die Wahl, wem er dienen will: denn nicht jedermann mag sich einen Knecht halten, der das Seine selbst so schlecht verwaltete, daß er es verloren hat.

Der Arme ist zwar in vielen Stücken weniger geachtet, als der Reiche oder Wohlhabende; denn er kann andern mit seinem Vermögen weniger nutzen. Ist er aber sonst ein kluger und guter Mensch, und ist er nicht durch seine Schuld arm geworden, so wird er dennoch in manchem Falle weit höher geachtet, als der Reiche. Man traut ihm eher etwas an; man fragt ihn um Rath, und sucht seine Freundschaft, weil man, so arm er ist, doch durch seine Ehrlichkeit und durch seine Vernunft von ihm Nutzen ziehen kann. Aber der Dürftige, der sich selbst arm gemacht hat, da er wohlstehen konnte, der ist überall verachtet und verhaßt. Man hofft nicht allein nichts von seinem Vermögen, sondern man ist ihm auch abgeneigt, weil er selbst schuld daran ist, daß er nun mit seinem Vermögen uns nicht mehr nutzen kann; man traut ihm nichts an, weil man aus der Erfahrung weiß, wie schlecht er mit dem Seinigen gewirthschaftet hat; man erwartet keinen guten Rath von ihm, weil er sich selbst so übel gerathen hat. Und da man ihn also zu nichts weiter brauchen kann, als wozu man ein Pferd

oder

oder einen Ochsen, der gesunde Glieder hat, auch gebraucht, so hält man ihn auch nicht viel besser. Seht, Kinder, so viel kommt darauf an, daß ihr das, was ihr habt, zurathe haltet. Verlaßt euch nicht auf die Beyhülfe anderer; denn sie ist nicht allein ungewiß, sondern ihr wißt auch, daß ihr, um glücklich zu seyn, mehr braucht, als zu essen und zu trinken.

Wie man sparen müsse, das werdet ihr von euern Eltern am besten in der Haushaltung lernen. Glaubt nicht, daß die Sparsamkeit blos darinn besteht, daß ihr alles aufhebt und aufschüttet, was ihr erworben habt. Nein, lieben Kinder! das ist der Geiz, und der Geiz macht euch nicht allein immer unglücklich, sondern er setzt euch auch am ersten in Gefahr, arm zu werden. Ich hab in dem benachbarten Dorf einen Mann gekannt, der auf diese Art sparte. Er hatte ein Feld von etlich und dreyßig Scheffel Aussaat. Das Korn dauerte ihn, das er ausstreuen muste, und er säete deswegen nie mehr als zwanzig Scheffel aus. Er glaubte, er habe zehen Scheffel erspart; und die zehen Scheffel hätten ihm achtzig und mehr einbringen können. Er verkaufte den Dünger an andre, und sein Acker trug also immer schlechter; er wollte keinen Knecht halten, weil er sich scheute, die Kost und den Lohn dahinzugeben: aber er konnte unmöglich alles allein thun, und deswegen blieb bald sein Feld halb brach liegen,

bald

bald sein Vieh unversorgt. Dem Vieh entzog er selbst seine Nahrung. Es vergieng fast kein Sommer, daß ihm nicht ein Pferd oder ein Ochs vor dem Pflug, aus Mattigkeit gefallen und abgestorben wäre. Da wollte er sich die Haare ausreissen. Aber mit einem paar Fuder Heu oder etlichen Scheffeln Haber mehr, hätte er das Unglück ganz verhüten können. Sein Haus wurde baufällig. Mit wenigen Kosten konnte er es wieder herstellen; allein auch diese reueten ihn, und am Ende fiel es gar zusammen. Kam ein Armer, und wollte etwas von ihm betteln, so wies er ihn ab; kam ein Nachbar und wollte einen Wagen, oder ein Geschirr, oder sonst etwas von ihm leihen, so glaubte er immer, daß es ihm abgenutzt würde, und gab nichts, wenn es dem andern auch noch so nöthig war. Deswegen war ihm auch kein Mensch gewogen, und wenn er etwas brauchte, so gab ihm auch niemand etwas von dem Seinigen. Er selbst hatte sich nie satt gegessen; dadurch wurde er vor der Zeit krank und elend. Er hätte vielleicht wieder gesund werden können, aber der Arzt und die Arzney war ihm zu theuer. Da er endlich starb, hinterließ er einen schwächlichen Sohn, ein eingefallenes Haus, ein abgezehrtes Feld und einige Stücke Vieh, die so elend waren, daß man sie gar nicht wieder zurechtbringen konnte. Hütet euch vor dem Geize, Kinder! gebt nicht mehr aus, als nöthig ist, aber auch gewiß nicht weniger. Sparet nichts an euren Aeckern, um sie frucht-

bater

barer zu machen, nichts an eurem Vieh, um es gesund und stark zu erhalten. Haltet so viel Gesinde, als ihr nothwendig braucht, um eure Aecker, eure Heerden und euer Hauswesen zu bestellen; aber gebt auch den Knechten und Mägden, die ihr haltet, soviel sie brauchen, um gesund zu bleiben, und damit sie nicht gezwungen werden, euch zu bestehlen. Wendet auf euren eignen Leib soviel als nöthig ist, um ihn gesund und stark zu erhalten. Geizt auch nicht an einem mäßigen Vergnügen für euch und eure Leute, noch an den Armen, wenn ihr im Stande seyd, ihnen Gutes zu thun. Aber alles, was überflüßig ist, ist euch schädlich. Mehr Feld, als ihr bestreiten könnt, mehr Vieh, als ihr Futter habt, mehr Gesinde, als ihr braucht, das verzehrt alles nach und nach euer Vermögen, und muß euch nothwendig arm machen.

(Gesellschafts-Pflichten.) Glaubt auch nicht, Kinder, daß die Welt für euch allein gemacht wäre. So gut als ihr leben und glücklich seyn wollt, so gut wollen es andere auch. Diese andere Menschen, mit denen ihr leben müßt, sind aber nicht immer gute und kluge Menschen, und wenn sie auch noch so klug sind, so sind sie doch immer Menschen. Ihr müßt also lernen, wie ihr es macht, daß ihr unter ihnen sicher und glücklich lebt, und daß sie selbst begierig werden, euch glücklich zu machen.

F   Für

(Ursprung der bürgerlichen Gesellschaft.) Für die Sicherheit ist nun wohl so ziemlich gesorgt. Es war einmal eine Zeit, Kinder, da man von keinem König und von keiner Obrigkeit etwas wußte. Jeder Lebte wie er wollte; jeder suchte sich allein so glücklich zu machen, als er es einsahe. Da waren keine Abgaben, keine Frohndienste, kein Richter, kein Gesetz. Der Zustand wäre gut, nicht wahr, wenn alle Menschen klug und gut wären? Aber einige waren so dumm, daß sie nicht merkten, wie nöthig es ihnen zu ihrem Glück wäre, daß andere ihnen beystünden. Sie dachten also bloß an sich, und bemüheten sich nicht, andere glücklich machen zu helfen. Fiel einem ein Pferd in einen Graben, oder blieb einem der Wagen stecken, oder wurde einer krank unter Wegs, so giengen die dummen Leute vorbey, und keiner half ihm. Der, der Noth litte, und dem diese andern ihre Hülfe versagten, sahe, daß er von diesen Leuten keine Hülfe und kein Glück zu hoffen hatte; andere die dieses hörten, dachten eben so, und wann die dummen Leute einmal ein Unglück hatten, so war kein Mensch da, der ihnen helfen wollte. Es sind tausend Dinge in der Welt, die ein Mensch nicht allein machen kann. Ihr könnt nicht allein eure Wege bessern, eure Häuser bauen, eure Flüsse dämmen, eure Felder vor dem Wild und andern Zufällen schützen. Da nun zu der Zeit jeder blos für sich sorgte, so war überall Noth, wenn eins von diesen Dingen

gen vorfiel. Dabey gab es noch böse Menschen, die andern das Ihrige nahmen, wenn sie stärker waren. Drey oder vier fielen über einen, jagten ihn aus dem Hause, raubten seine Güter, und lebten von dem, was er mit seinem Schweis erworben hatte. Indessen mußte er betteln, weil er allein so vielen nicht widerstehen konnte. So lebten die armen Menschen in den ersten Zeiten, immer in Furcht und nie sicher, daß nicht in dem nächsten Augenblick einer kommen, und sie aus dem Ihrigen vertreiben würde. Endlich traten einige kluge und gute Menschen zusammen, und machten mit einander aus, daß sie sich untereinander beystehen wollten. Da aber jeder bald so, bald anders dachte, so konnten sie nicht viel ausrichten. Sie halfen zwar einander; aber ohne Ordnung, ohne Vernunft. Der kam bald, der spat; der griff an, der nicht. Die bösen Menschen hatten meist die Oberhand, und waren schon im Besitz ihres Raubs, ehe noch die andern zusammen gekommen waren. Die guten Menschen die sich mit einander verbunden hatten, sich beyzustehen, fielen endlich auf den Gedanken, daß sie Einen unter sich erwählten, dem sie alle gehorchen wollten, wenn er zum besten ihrer Gesellschaft etwas befehlen würde. Sie machten aus, daß jeder diesem Einen etwas zu seinem Unterhalte geben wollte, damit er für die Ruhe und Sicherheit, und für ihr

(Ursprung der Könige und Obrigkeiten und der Gesetze.)

F 2 Glück

Glück sorgen möchte. Daher sind die Könige entstanden. Der König gab fleißig acht, wann ein böser Mensch die guten in dem Besitz ihrer Güter stören wollte. So bald er etwas merkte, gab er ein Zeichen, und auf dieses Zeichen kamen alle herbey, und widerstunden dem Feind. Kam einer oder der andere nicht, wenn er doch hätte kommen können, so stiessen ihn die andern aus der Gesellschaft; denn sie sagten: hätte der Feind dich angegriffen, so hätten wir alle kommen müssen, weil wir es versprochen hatten, und weil wir glaubten, daß du auch uns, bey einem Anfall, zu Hülfe kommen würdest. Willst du nun nicht kommen, und auch uns helfen, so wollen wir dir auch nicht mehr beystehen. Das dauerte einige Zeit. Allein die guten Menschen, die sich auf diese Art unter einem König verbunden hatten, blieben selbst nicht lange gut. Sie hatten zwar wenige auswärtige Feinde zu befürchten, aber unter sich hatten sie noch immer manche, die auch lieber vom Raub, als von ihrer Arbeit leben wollten. Fieng einer von diesen an, seinem Nachbar nach dem Seinigen zu stehen, so stunde wieder alles auf, und suchte den Beleidigten zu vertheidigen. Allein der andere hatte oft auch seine Freunde, und dann war in der Gesellschaft wieder nichts als Unruhe und Unsicherheit. Oft geschah es auch, daß man schon auf einen bloßen Verdacht einander anfiel. Oft wollten böse Leute in der Gesellschaft einem das Seinige entwenden, und verläumdeten ihn bey

dem

dem Könige oder der Gesellschaft, und so kam wieder mancher Unschuldige ins Unglück. Die guten Menschen sahen dieses endlich, und nun wurden sie eins, daß niemand als der König richten sollte: ob einer wirklich dem andern Unrecht thue, oder nach dem Seinigen greife? und wenn der König sagen würde, er habe unrecht, so sollte nicht allein dem, den der König so verurtheilen würde, niemand beystehen, sondern es sollte vielmehr die ganze Gesellschaft gegen diesen Einen aufstehen, und dem, der beleidigt worden war, auf diese Art wieder zu dem Seinigen helfen, wie es der König beschliessen würde. Ihr könnt leicht denken, daß der König dieses nicht lange allein besorgen konnte. So viele Strittigkeiten, die nach und nach entstunden, hätten ihm alle seine Zeit weggenommen. Er las also einige von den übrigen aus, die diese Strittigkeiten ausmachen, und in seinem Namen urtheilen sollten. Daher entstunden die Gerichte und die Amtleute. Diese waren aber oft dumm, oft waren sie dem einen mehr gewogen als dem andern; daher kam es, daß sie bald so, bald anders urtheilten. Heute hatte der recht, morgen der, obgleich beyde einerley gethan hatten. Dieser Ungleichheit abzuhelfen, schrieb der König einem jeden vor, wie er in allen Fällen urtheilen sollte; und daraus entstunden die Gesetze. Durch sie wurde nun die Gesellschaft so ziemlich sicher. Allein, da doch jeder immer glücklich werden wollte, so fiel einer bald auf diesen, bald auf

F 3   jenen

jenen Gedanken. Konnte er ihn allein ausführen, so that er es; wo nicht, so machte er es dem König bekannt. Sahe dieser, daß wirklich alle Vortheil daraus zögen, oder daß allen dadurch ein Schaden abgewendet werden könnte, so befahl der König, daß alle zusammen diese Sache zu Stande bringen sollten. So sahe zum Beyspiel einer, daß der Strom leicht austreten, und die daran gelegene Felder überschwemmen könnte; wenn dieses aber geschähe, so würde die Erndte weniger reich seyn, es entgieng dem Vieh sein Futter, die Lebensmittel würden theurer und seltner, und ein Theil der Gesellschaft müste zu Grunde gehen. — Da nun auch denen, deren Güter nicht überschwemmt wurden, daraus ein Vortheil entsteht, wann die Gesellschaft stark und im guten Zustand ist, weil sie einander dadurch leichter und besser beystehen können; so befahl der König, daß alle helfen sollten, den Strom aufzuhalten. Eben so gieng es mit den Wegen. Je besser der Weg ist, je geschwinder geht das Fuhrwerk von statten, und je weniger werden die Geschirre verdorben, und die Pferde abgemattet. Es ist also wieder der gantzen Gesellschaft daran gelegen, daß die Wege in Ordnung gehalten werden; und auch einem jeden Menschen, der in der Gesellschaft ist, entsteht daraus ein Vortheil. Wieder sahen andere, daß der Mensch ohne Holz zu seinen Gebäuden, zu seiner Feuerung im Winter und unter vielen andern Umständen fast gar nicht

leben

leben könnte, wenigstens vieler Bequemlichkeit entbehren müste. Sie bemerkten dabey, daß das Holz nur langsam wächst, und daß folglich, wenn man ohne Noth das, welches schon gewachsen ist, verschwendet, oder durch unzeitiges und unordentliches Aushauen, die Bäume verdirbt, leicht einmal ein Mangel daran entstehen möchte, wodurch wieder einem jeden ein so nöthiges Mittel zu seinem Unterhalt entgieng. Hatte also einer einen Wald, so schrieb ihm der König vor, wie er ihn behauen und gebrauchen sollte; denn, wenn gleich der Eigenthümer des Waldes immer genug hatte, so hätte doch die ganze Gesellschaft einmal daran Mangel leiden können, und sich deswegen trennen müssen. Da also dem Herrn des Waldes selbst wieder viel daran gelegen ist, daß die Gesellschaft, die ihn schützen hilft, beysammen bleibe, so hatte auch er seinen Vortheil dabey, wenn er das Holz sparte und vortheilhaft damit umgieng. Daher kam es, daß nun nicht ein jeder mit dem Seinigen thun konnte, was er wollte. Auch die besten Menschen können nicht alles sehen, was ihnen gut ist, darum ließen alle dem König diese Sorge über, und wurden eins, daß sie das für gut halten wollten, was der König für gut, und der Gesellschaft nützlich hielte. Hätte ein jeder das Recht darüber zu urtheilen; so denkt selbst, wie ein jeder urtheilen würde? Der würde sagen, ja es ist gut, der nein; der, es muß so seyn; der nein, so muß es seyn und am Ende würde immer nichts zu Stande kommen.

kommen. Geht es euch nicht oft so in euren Spielen? Der eine sagt, wir wollen das spielen, der andre, jenes. Und wenn ihr lange genug unter euch gestritten habt, so ist endlich die Zeit zum spielen vorbey, oder ihr habt euch getrennt, und jeder spielt nun für sich. So würde es auch in der Gesellschaft der Menschen gehen, wenn jeder nur so viel thun wollte, als er für gut hält. Es ist deswegen klug und gut, wenn nur einer, oder nur wenige sagen, das ist gut, und wenn es die andern alsdann alle thun.

In dieser Verfassung dauerte die Gesellschaft wieder einige Zeit fort. Es entstanden aber dabey auch noch mehrere Gesellschaften, die oft dumm und nicht gut waren. Diese dummen Gesellschaften glaubten manchmal, daß sie sich glücklich machen könnten, wenn sie die andern anfielen, und ihnen das Ihrige nähmen. Dadurch wurden die guten Gesellschaften oft beunruhigt. Sie musten ihre Arbeiten und alles zurück lassen, um sich zu vertheidigen. Oft wurden sie mitten unter ihren Arbeiten überfallen, und konnten sich also nicht wehren; oft, wann sie sich auch wehren konnten, so wusten sie nicht, wie sie es jedesmal angreifen sollten: denn in dem Lermen konnten sie den König nicht immer hören und verstehen. Sie kamen also auf den Einfall, ein Theil von ihnen sollte blos zum Schutze der Gesellschaft leben. Diese sollten wachen, wann die andern arbei-

arbeiteten oder schliefen, und wann kein Feind vorhanden wäre, so sollten sie inzwischen lernen, wie sie sich bey jedem Angriff und jedem Vorfalle vor dem Feinde verhalten müsten. Daher sind die Soldaten entstanden. Diese Leute hatten nun wenig Zeit, die Felder zu bestellen, oder ihre Heerden zu besorgen; und doch waren sie der Gesellschaft nützlich. Die Gesellschaft setzte also etwas von ihrem Verdienst und ihrem Vermögen aus, um diese zu erhalten. Sie verloren zwar etwas auf der einen Seite, aber auf der andern gewannen sie wieder, daß sie nun sicher und ruhig seyn konnten, und blos im äußersten Nothfall an ihrer Arbeit gehindert wurden, um sich und die übrigen aus der Gesellschaft zu schützen. Nun, Kinder, wißt ihr, woher die Könige, die Gerichte, die Gesetze, die Abgaben und die Soldaten entstanden sind; lernt nun auch, wie ihr es machen müßt, daß euch alle diese Dinge nützlich seyn können.

(Pflichten gegen die Obern.) Wenn euer König euch etwas befiehlt, so geschiehts immer zum Vortheil aller seiner Unterthanen. Verliert ihr dadurch etwas auf der einen Seite, so gewinnt ihr auf der andern wieder so viel, daß nun die übrigen Unterthanen eher in den Stand kommen, euch zu beschützen, und eure Felder zu vertheidigen. Sind die übrigen Unterthanen sehr arm, so können sie euch euren Ueberfluß nicht abkaufen.

F 5 Ihr

Ihr habt also wol Korn und Milch und Obst, aber ihr habt kein Geld, womit ihr eure Häuser und Ställe bauen, eure Ackergeräthe kaufen, euch Kleider anschaffen könnt. Was nutzt euch also euer Korn und alle eure Arbeit? Und habt ihr auch Geld, so sind doch die andern Menschen nun so arm, daß sie nicht einmal so viel haben, daß sie das Pferd oder den Ochsen, den ihr kaufen wollt, entbehren können. Es ist also niemal einer da, der euch etwas verkaufen will oder kann. Ihr müßt dann zu Fremden gehen. Diese stehen unter einem andern König, der euch nicht liebt, nicht schützt, nicht für euch sorgt. Sie können euch also betrügen, wie sie wollen, und niemand hilft euch zu eurem Recht. Sind die übrigen Unterthanen schwach und in kleiner Anzahl, so können sie euch nicht vertheidigen helfen; es können alsdann aus ihnen wenige Soldaten genommen werden, und kömmt nun ein Feind, der mehrere hat, so nimmt er euch alles, was ihr habt. Werden von Fremden auch mehrere Soldaten herbeygeholt, so müssen diese doch bezahlt werden. Sind nun nur wenige und arme Leute da, die sie zahlen sollen, so muß einer immer mehr geben. Denn, nicht wahr? wenn zehen, zehn Thaler geben sollen, so gibt jeder nur einen; sollen aber fünf, zehen Thaler geben, so muß jeder zween geben. Sind noch gar unter den fünfen, zween so arm, daß sie nur einen Thaler geben können, so müssen die übrigen wieder mehr zahlen. Verliert

liert ihr also durch das, was der König befiehlt, etwas, das die andern zu gewinnen scheinen, so verlieren die andern wieder etwas, das ihr gewinnt. Legt euch euer König Abgaben auf, so denkt nur, wozu er sie anwenden muß. Er muß Soldaten erhalten, die euch vertheidigen; er muß Gerichte unterhalten, die euch gegen das Unrecht eurer Mituntertha‌nen schützen; er muß Leute unterhalten, die nachdenken, wie sie es machen, daß ihr und die ganze Gesellschaft immer im Ueberflusse lebt. Diesen Leuten habt ihr es zu danken, daß ihr bequem wohnt, daß ihr Kleider auf eurem Leibe habt, daß eure Mitunterthanen eher im Stande sind, euch zu vertheidigen, daß ihr vor Feuer- und Wassersnoth sicherer werdet. Sie erfinden allerley Dinge, wodurch euer Feld besser benutzt wird, allerley Werkzeuge, wodurch euch die Arbeit erleichtert wird. Glaubt ihr, daß man von jeher Weberstühle, oder Pflugscharen, oder Wagen, oder dergleichen hatte? Alles dieses haben diese Leute erfunden, oder verbessert und nützlicher gemacht. Diese Leute sorgen, wie sie euch helfen, wann ihr krank seyd, wie sie eurem Vieh helfen, wann es siech ist. Sie schaffen euch tausend Vortheile, ohne die ihr elend leben müßtet. — Würden sie dieses alles thun, wenn sie euer König nicht erhielt? Und wie kann er sie erhalten, wenn nicht jeder etwas dazu beyträgt? Sehr, wenn ihr, das Jahr über, zehen Thaler, und noch zweymal soviel abgeben müsset,

wie

wie viel euch dadurch erspart wird. Von einem Theil eurer Abgaben werden die Wege verbessert, die Dämme befestigt, eure Kirchen bestellt und unterhalten. Euer König muß auch selbst leben. Er muß viele Leute um sich haben, die ihm allerley gute Anschläge geben, allerley Nachrichten ertheilen. Er muß auch dafür sorgen, daß die andern Gesellschaften ihm geneigter werden. Auch das kostet ihn viel, weil er Leute deswegen an fremden, weit entfernten Orten erhalten muß, die Sorge tragen, daß die Kriege entweder abgewendet werden, oder daß man bald Nachricht davon habe, um sie wenigstens von euren Häusern und euren Gütern abzuhalten. Er braucht auch allerley Vorrathshäuser, wo er die Sachen hinlegt, die er zu Zeit der Noth gebrauchen muß, wieder um euch zu schützen, und sicherer und glücklicher wohnen zu lassen. Alles dieses kostet Geld. Wollet ihr nichts dazu beytragen, so würden andre auch nichts beytragen, und die Gesellschaft würde bald getrennt seyn. Dann fielet ihr wieder in den vorigen Stand der Menschen, und würdet alle Augenblicke in Gefahr seyn, Leben, Freyheit und Hab und Gut zu verlieren. Dieser Gefahr entgeht ihr nun, wenn ihr einen geringen Theil euers Vermögens zum Nutzen der Gesellschaft abgebt, und wenn ihr dem König gehorcht, der euch nichts befiehlt, als was der Gesellschaft überhaupt nützlich ist, und also auch euch vor alle dem Unglück bewahrt, das

über

über euch fallen müste, wenn die Gesellschaft getrennt oder verstört würde. Euer König bleibt dabey immer ein Mensch. Es kann seyn, daß er vielleicht manchmal die Gesellschaft noch glücklicher machen, oder wenigstens eben das mit geringern Kosten erhalten könnte! allein ihr seyd ja auch Menschen, und einen vollkommenen König könnt ihr nicht erwarten. Euer König kann nicht alles sehn, alles verstehn; er muß sich immer auf andre verlassen. Die andern können ihn betrügen, aber er kann gewiß dafür nichts; denn so gut es euer Vortheil ist, wenn die Gesellschaft in guten Umständen steht, und euch beschützen kann, so gut ist es auch der Vortheil euers Königs, dem auch viel daran gelegen ist, daß die Unterthanen ihn immer beschützen können, und ihn lieben. Gesetzt aber, er wär auch noch so schlimm, so seyd ihr doch glücklicher, als wenn ihr entweder außer der Gesellschaft wäret, oder ihm nicht gehorchen wolltet. Wäret ihr itzt unter eurem König nicht sicher, euer Leben und euer Vermögen zu erhalten: so würdet ihr es alsdann noch weniger seyn, wann ihr außer der Gesellschaft lebtet; denn itzt könnt ihr nur von eurem König Unrecht leiden, und greift euch ein andrer an, so hilft euch der König und die ganze Gesellschaft: seyd ihr aber nicht mehr in der Gesellschaft, so kann euch ein jeder, der nur stärker ist, als ihr, oder der die Zeit abwartet, bis ihr schlaft, oder bis ihr von Krankheit oder Alter entkräftet seyd, euch soviel

Unrechts

Unrecht thun, als er will. Bleibt ihr aber in der Gesellschaft, und wollt eurem König nicht gehorchen, so setzt ihr euch der Gefahr blos, daß die ganze Gesellschaft euch für die Kleinigkeit, die ihr entbehren müsset, Haab und Gut, und vielleicht das Leben raubt. Gesetzt es wären ihrer mehrere, die nicht gehorchen, sondern dem König widerstehen wollten, so wisset ihr nicht, ob diese mit euch stark genug sind, euch zu vertheidigen; und gesetzt, ihr wüßtet auch das, so müßtet ihr doch wieder einen neuen König haben, und wer ist euch gut dafür, daß es dieser nicht noch zehnmal ärger mache? Dann habt ihr eure Zeit versäumt, euer Hauswesen liegen, eure Felder verwildern lassen, euer Leben in Gefahr gesetzt, und seyd am Ende noch schlimmer daran, als zuvor. Vor allen Dingen, Kinder, lernt dieß: daß ihr dem König und denen, die er über euch gesetzt hat, gehorchen müsset, wenn ihr glücklich seyn wollt. Laßt euch nicht von denen verführen, die immer über den König und die Gesetze klagen. Ihr wisset nur so viel, daß es euch hauptsächlich glücklich macht, wenn die Gesellschaft, worinn ihr stehe, glücklich ist. Wodurch die Gesellschaft glücklich wird, das wißt ihr nicht; das müßt ihr also denen überlassen, die es wissen, und die dazu bestellt sind, es euch anzugeben. Wenn itzt einer kommen und euch tadeln wollte, daß ihr eure Wiesen nicht zu Kornfeldern machtet, da doch jedes Stück Lands weit bessere und theurere Früchte her-

hervorbringt, als ein eben so großes Stück Wiese, würdet ihr nicht lachen und sagen: wir müssen aber auch für unser Vieh sorgen, das uns Milch und Butter und Dunger gibt, und dessen Fleisch wir künftig noch gebrauchen wollen. Wir wissen auch, daß uns die Wiesen nicht so viel Arbeit kosten. Eben so geht es dem König. Wenn einer sagen wollte, der König brauchte uns auch nicht mit Abgaben zu beschweren: wir müssen für ihn arbeiten, und er sitzt stille; so würde ein kluger Mensch lachen, und dabey denken: der Thor! wenn er keine Abgaben entrichtete, so könnte der König keine Soldaten erhalten, keine Gerichte, keine Rathgeber besolden, keine Wege und Ufer bessern, und am Ende würde der Bauer, der itzt zwanzig Thaler abgibt, keine zehen mehr erwerben können.

(Besondere Gesellschaftspflichten.) Doch, Kinder, glaubt nicht, daß alles, was euer König euch befehlen läßt, blos allein den Nutzen der ganzen Gesellschaft zur Absicht hat. Vieles, vielleicht das meiste, wird euch befohlen, weil es euch selbst offenbar glücklich machen, oder vor Unglück schützen kann. Der Mord, der Diebstahl, die Treue in Handel und Wandel, alles dieses wird euch nur deßwegen geboten oder verboten, weil ihr euch dadurch entweder glücklicher oder unglücklicher machen würdet. Denket einmal selbst nach, Kinder! Nicht wahr, wenn euch alle die Menschen,

schen, die jetzt um euch sind, und von welchen einige jetzt euren Eltern ihr Feld bestellen helfen, andere ihnen bald Frucht, bald Milch, bald Obst, bald dieses oder jenes verkaufen, oder von ihnen abkaufen, oder ihnen ihre Häuser bauen helfen, wenn alle die Menschen eure Eltern haßeten, oder sich vor ihnen fürchteten, oder nichts mit ihnen zu thun haben wollten; müstet ihr dann nicht recht elend leben? Jetzt hättet ihr Korn genug, aber kein Heu. Haßeten euch die andern Menschen, so würden sie euch keines geben. Ihr müstet also eurem Vieh blos Korn geben, und dann würde es nicht allein bald zu eurer Arbeit untauglich werden, sondern ihr würdet auch noch einmal so viel aufwenden müssen, als wann ihr es mit Heu fütterter; oder ihr hättet zwar Heu und Korn, aber kein Holz, würdet ihr nicht bald verfrieren, oder doch elend leben? Setzt noch dazu, daß euch die andern Menschen so sehr haßten, daß sie euch das Leben zu nehmen trachteten, wie unruhig müßtet ihr leben? Würdet ihr euch nur getrauen, die Augen zuzuschließen? Wollt ihr allem diesem entgehen, so müßt ihr machen, daß euch die andern Menschen nicht nur nicht hassen, sondern daß sie auch geneigt werden, euch zu helfen und Gutes zu thun. Nun denkt einmal nach, wann ihr einander zu hassen pflegt. Nicht wahr, wenn euch einer von euren Spielgesellen schlägt, oder etwas schadet, oder etwas nimmt, dann hasset ihr ihn gemeiniglich? Eben so machen es die Erwachs=

wachsenen. Wenn einer den andern schilt oder schlägt, so sucht sich der wieder zu rächen, und schlägt und schilt wieder. Kann er itzt nicht, so paßt er ihm auf, und wenn er gar nicht an ihn kommen kann, so thut er ihm doch (Todschlag.) sonst so viel zu leid, als er vermag. Wenn einer gar den andern todtschlägt, so hat der Erschlagene entweder eine Frau, oder Kinder, oder Freunde, oder sonst jemand, dem an seiner Erhaltung gelegen war. Diese sind Menschen. Sie denken, wie ihr itzt denkt. Wie gerne schlagt ihr den wieder, der euch geschlagen hat. Eben so gerne suchen die Freunde des Ermordeten auch den Mörder ihres Freundes umzubringen, wenn sie können. Wie vielen Nachstellungen würde also ein solcher Mensch ausgesetzt seyn! Zudem würde sich ein jeder andrer vor ihm scheuen. Jeder würde fürchten, daß er auch von ihm erschlagen oder verwundet würde, und der Mörder würde also, wie einer, der eine ansteckende Krankheit hat, von jedermann vermieden werden. Ist ein solches Leben erträglich? Ist nicht das Leben eines Menschen, den jeder verfolgt, den keiner liebt, dem keiner helfen will, das allerunglückseligste, das man sich vorstellen kann? Auch wenn sonst keine Strafe auf den Todschlag stünde, so würde dieses schon genug seyn, um einen jeden Menschen, der sich glücklich machen will, davon (Diebstahl.) abzuhalten. Eben so geht es mit dem Diebstahl. Niemand

G unter

unter euch entbehrt gern das Seine; und wenn einer käme, der euch euer Frühstück wegnähme, würdet ihr ihn nicht haffen, und nicht alles anwenden, es wiederzubekommen? Den Dieb haffet ein jeder. Der, der bestohlen worden ist, thut alles, was er kann, das Seinige wiederzubekommen; er steigt dem Dieb in das Haus; er paßt ihm auf der Straße auf; er nimmt ihm sein Vieh von der Weide, sein Korn vom Boden, bis er wieder zu dem Seinigen kommt. Was nutzt also dem Dieb sein Diebstahl, den er nie ruhig besitzen kann? Es lebte vor einigen Jahren hier in dem Dorf ein gewisser Mann, der hatte einem seiner Nachbarn zween Scheffel Mehl gestohlen. Der, dem das Mehl gehört hatte, kannte den Dieb genau; er konnte aber nichts beweisen, und der Dieb blieb ungestraft. Allein, eh man sichs versah, wurde in der Nacht dem Dieb ein Kornfeld, von mehr als vierzig Scheffel Aussaat, in den Brand gesteckt. Kein Mensch wuste, woher es kam, bis man einige Jahre hernach erfuhr, daß es der, der bestohlen worden, aus Rache gethan habe, weil er den Dieb nicht überführen konnte. Der Dieb hatte sich nachher das Stehlen noch mehr angewöhnt, ist endlich ergriffen worden, und hat alles gestanden, und seine verdiente Strafe gelitten. Hätte er sie aber auch nicht gelitten, so denkt, was für einen Vortheil er durch die zween Scheffel Mehl erhielte, die ihm eine Aussaat von vierzig Scheffeln kostete, und ihn noch außerdem

alles

alles Vertrauens bey allen denen beraubten, die nur von seinem Diebstahl hörten. Den Dieb läßt niemand gern in sein Haus, niemand gern in seinen Garten oder Feld gehen. Kann man es nicht verwehren, so schließt man alles vor ihm zu; man hat immer die Augen auf ihm; man schickt ihm Leute nach, wann er sich nur dem Unsrigen nahet. Will er etwas von andern leihen, so traut es ihm kein Mensch an, wenn er es auch noch so gewiß wiederzugeben verspräche. Befällt ihn ein Unglück, so hat niemand Mitleiden mit ihm; wird er arm, so getraut sich niemand, ihn aufzunehmen, und gemeiniglich wird ein solcher Mensch arm und elend. Unglücklich ist er wenigstens immer; denn alles, was sein ist, besitzt er nur, wie gelehnt, und ist alle Augenblicke in Gefahr, daß ein jeder, den er bestohlen hat, ihm entweder seinen Diebstahl wieder wegnähme, oder sich sonst auf eine Art an ihm räche. Der, (Untreu im Handel.) der sein Wort nicht hält, ist nicht besser, als der Dieb. Wenigstens macht er sich gewiß eben so unglücklich. Wenn die Menschen einander etwas helfen, so thun sie es meist, damit andre ihnen wieder helfen sollen. Hab ich nun einen überredet, daß er mir etwas hilft, und versprochen, daß ich ihm in diesem oder jenem wieder helfen will, und ich thu es nicht: so kann ich gewiß seyn, daß er mir das nächstemal nicht mehr helfen wird; denn er sieht, daß er vergebens bey mir auf einen Nutzen hofft, wenn ich ihm auch noch so viel verspreche. Am schändlichsten ist es, wenn einer gar einem eine Sache abnimmt, und verspricht ihm entweder eben diese Sache, oder eine andre wiederzugeben, und thut es nicht. Wenn ihr, zum Exempel, etwas kauft, und zahlt das Geld nicht dafür, oder ihr borgt etwas, und gebt es nicht zurück. Kommt ihr das nächstemal wieder, und verlangt etwas, so wird kein Mensch euch etwas borgen, oder etwas verkaufen wollen. Und würdet ihr es nicht selbst so machen? Wenn ihr einem euren Rock oder euren Huth geliehen hättet, und er gäb ihn euch nicht wieder, würdet ihr ihm noch einmal etwas von dem Eurigen vertrauen? Dem Bauer, der neulich davongelaufen ist, und Weib und Kinder zurückgelassen hat, ist es so gegangen. Der hatte vor einigen Jahren ein Fuder Heu geborgt. Da die Heuerndte kam, wollte er es läugnen, und durchaus nicht wiedergeben. Der Amtmann zwang ihn endlich dazu. Aber der, dem er es wiedergeben sollte, hatte soviel Müh und Gänge und Kosten, als fast das ganze Fuder Heu werth war. Das Jahr darauf, zur Säezeit, wollte der böse Mann sein Feld bestellen; er hatte aber kein Saatkorn, und kein Geld, welches zu kaufen. Er gieng überall herum, aber niemand wollte ihm etwas borgen. Er wollte Haus und Hof versetzen, aber es war alles schon so verschuldet, und der Mann dabey für einen Betrüger so bekannt, daß niemand etwas mit ihm zu thun haben wollte.

wollte. Er konnte also sein Feld nicht bestellen. Diejenigen, welche ihm auf seinen Acker schon vieles vorgeschossen hatten, griffen deswegen zu, und endlich muste er davonlaufen. Wer weiß, wo er itzt betteln geht. Seht! das kömmt daher, wenn man sein Wort nicht hält. Kein Mensch kann uns dann mehr trauen; und wenn uns dann einmal eine Noth zustößt, so haben wir nichts, womit wir uns helfen können. Ist einer sonst für einen Betrüger bekannt, der falsche Waaren oder falsch Gewicht gibt, so hat er gewiß wieder in dem ersten Jahr allen Glauben verloren. Mehr als einmal läßt man sich nicht betrügen. Nun mag seine Erndte oder sein Herbst noch so reich seyn, er wird selten etwas von seinen Sachen anbringen können: denn jedermann wird lieber bey dem kaufen wollen, der nicht betrügt, als bey ihm; und ist er nur in dem einen Falle nicht ehrlich gewesen, so wird man ihm in nichts mehr trauen, und noch dazu auf alle Arten ihn wieder in Schaden zu bringen suchen.

(Aufrichtigkeit.) Aber nicht allein bey dem Handel, sondern in dem Umgange mit allen Menschen, müßt ihr wahrhaft und aufrichtig seyn, sonst werdet ihr euch den Haß der ganzen Welt zuziehen. Die Menschen können die Absichten und Gedanken ihrer Nebenmenschen nicht errathen, sie können auch überhaupt nicht alles wissen; sie müssen sich also oft auf das verlassen, was andre sagen. Sagen uns nun diese andern die Wahrheit nicht,

nicht, so thun wir allerley Dinge, die uns nothwendig Schaden bringen müssen. Desswegen sind die Menschen von jeher den Lügnern so feind gewesen. Es kam einmal ein Betrüger hier in das Dorf, der sich für, ich weiß nicht was für, einen großen Herrn an dem Hofe des Königs ausgab. Es kannte ihn hier niemand; aber er hatte sich hinter den vorigen Schulmeister gesteckt, der, wie ich euch vorhin erzählte, meinen Freund mit der falschen Handschrift betrog. Der Schulmeister stellte sich, als wenn er viel Ehrfurcht vor dem Betrüger hätte, und als wenn er ihn genau kennte. Er erzählte überall, was der Mann reich wäre, was er bey Hof in Gnaden stünde, und was er diesem oder jenem nutzen oder schaden könnte. Mit diesen Lügen überredete er viele, daß sie ihm ihr bischen Geld anvertrauten. Der Betrüger lief endlich davon, und brachte die armen Leute um das Ihrige. Seit der Zeit hatte der Schulmeister in dem Dorf allen Glauben verloren. Er mochte nachher sagen, was er wollte; wenn er auch die Wahrheit sagte, so glaubte ihm doch niemand mehr. Es zeigte sich bald, was er für Vortheil aus seinen Lügen hatte. Kein halbes Jahr hernach kam ein andrer Betrüger zu ihm, der listiger war, als er. Der stahl ihm in seinem Haus einen Beutel mit fünfzig Thalern, und schlich sich davon. Der Schulmeister merkte es bald, und lief ihm nach, und schrie wie unsinnig, daß man ihn aufhalten sollte, es sey ein Dieb, der

ihn

ihn bestohlen hätte; aber kein Mensch glaubte ihm. Deswegen entwischte auch der Dieb glücklich, und der Schulmeister litte die Strafe seiner eignen Falschheit. Endlich kam er gar der Obrigkeit unter die Hand: denn die Sache des Betrügers, dem er beygestanden hatte, wurde ruchtbar. Der Schulmeister wurde vorgefordert; er läugnete. Man überwies ihn aber, und da wurde er dem Lande hinausgesagt. Denn nicht allein die Feindschaft und der Haß der Menschen straft die Lügner, sondern auch die Obrigkeit straft so oft, als einer zum Schaden eines andern wissentlich die Unwahrheit gesagt hat; zumal straft sie dann, wann sie selbst belogen worden ist. Es gibt freylich Fälle, wo man nicht gezwungen ist, die Wahrheit zu sagen: nämlich, wenn man dadurch, ohne dem andern zu nutzen, sich selbst, oder einem andern schaden würde; aber wann die Obrigkeit die Wahrheit zu sagen befiehlt, dann darf man sie in keinem Falle verbergen, es mag treffen, wen es will. Thut man es nicht, und die Obrigkeit thut deswegen jemand Unrecht an: so ist der Lügner schuld an diesem Unrecht, und wird dafür von dem Beleidigten sowol, als von der Obrigkeit gestraft, gehaßt und verfolgt. Wenn es lauter vernünftige und gute Menschen gäbe, Kinder! so wären

(Vom Eid.) diese übeln Folgen der Lügen gewiß genug, einen jeden davon abzuschrecken; aber, wie es viele Leute gibt, die dumm genug sind, sich vollzutrinken,

ob sie gleich wissen, daß sie dadurch krank und elend werden, oder die faul sind, und nichts arbeiten wollen, ob sie gleich wissen, daß sie dadurch in Armuth und Mangel fallen: so hat es auch oft Leute gegeben, die die Unwahrheit sprachen, ob sie gleich wusten, daß sie alle Treu und Glauben verlieren, und wenn es herauskäm, überall würden gehaßt und verfolgt werden. Diese Leute waren desto eher geneigt zum Lügen, weil sie so schwer zu überführen waren. Denn wer kann wissen, was der andre denkt? Indessen war allen daran gelegen, daß man ein Mittel fände, wodurch man diese Leute bewegen möchte, die Wahrheit zu sagen. Das beste Mittel schien der Eyd. Ihr müßt wissen, Kinder, daß die Menschen von jeher geglaubt, und gewiß gewußt haben, daß Gott alles, auch die Gedanken der Menschen weiß; daß er alles thun kann, und daß er alles hasset und straft, was die menschliche Gesellschaft überhaupt und jeden insbesondre unglücklich macht. Auch wir sind alle von dieser Wahrheit überzeugt. Ihrer bedienen sich nun die Menschen, um andre zur Wahrheit und Aufrichtigkeit zu bewegen. Wann nämlich einer etwas als wahr angab, so sagten sie: „Siehe, wir wissen „nicht, ob du die Wahrheit sagst oder lügen; „aber Gott, der dein Herz kennt, weiß es. „Wißten wir es, so würden wir dich wol stra„fen, wenn du lögest. An unsrer Statt „aber wird es Gott thun; denn vor Gott sind „wir alle gleich, und er will nicht, daß einer
„dem

„dem andern schade." Dieses sagten sie, und um gewisser zu seyn, daß der, welcher etwas für wahr angabe, auch so dächte, liessen sie ihn eben das auch sagen. Daher kamen die Eyde. So oft nun einer einen Eyd schwört, so thut er weiter nichts, als daß er öffentlich gesteht: er glaube, daß Gott alles wisse, was er denke, und daß Gott den Lügner strafen werde. Wann nun vorher, ohne ein solches Geständniß, ein Mensch die Unwahrheit gesagt hatte, so haßte und verfolgte man ihn zwar, weil man sahe, daß er nach der Freundschaft und dem Vertrauen der Menschen nicht so viel fragte, als nach dem Vortheil, den er aus seinen Lügen ziehen wollte. Aber man hatte doch noch einige Nachsicht, weil man glauben konnte, er habe nur in der Hofnung gelogen, daß seine Lügen würden verborgen bleiben, und er werde also wenigstens alsdann noch seinem Nebenmenschen nicht schaden, wenn er gewiß weiß, daß es nicht im Verborgenen geschehen kann. Hat er aber gar bey seiner Lüge noch gestanden, daß er glaube, Gott wisse, ob er die Wahrheit sage oder nicht; und Gott werde ihn strafen, wenn er lüge, und er lügt doch; dann giebt er zu erkennen, daß nichts auf der Welt ist, das er noch achtet, wenn er seinen Vortheil sieht, und daß er durch nichts, weder durch Menschen, noch selbst durch Gott kann abgehalten werden, allen Menschen zu schaden, wo er Gelegenheit findet. Einen solchen Menschen, Kinder, siehet man an wie den Wolf, der eure Heerde verschlingt, oder den Raubvogel, der euren Tauben nachsteht. Man hält sich eh nicht sicher vor ihm, als bis er von der Erde ausgerottet ist, und überläßt ihn dann dem Gott, dessen Strafe er gering geachtet hat. Ein guter und vernünftiger Mensch weiß aber, daß auf der Welt kein Vortheil und kein Glück größer ist, als die Liebe und das Vertrauen aller Menschen. Diese erhaltet also sorgfältig, lieben Kinder. Saget niemal die Unwahrheit andern zum Schaden; denn gewiß, Gott unterscheidet, auch ohne Eyd, Wahrheit und Lügen, und straft diese ganz gewiß; und auch ohne dieß geschieht es selten, daß Unwahrheiten verborgen bleiben. Kommen sie nun an den Tag, so glaubet euch kein Mensch mehr; kommen sie aber auch nicht heraus, so habt ihr wenigstens beständig die Furcht und die Angst, daß ihr nicht verrathen werdet, und diese ist schon eine Quaal, die weit größer ist als aller Vortheil, den ihr durch den Schaden eurer Nebenmenschen erwarten könnt.

Ihr habt nun gesehen, wie viel euch daran gelegen ist, daß ihr mit Willen euren Nebenmenschen keinen Schaden zufügt; und wie sorgfältig selbst die Gesetze darauf sehen, daß kein Mensch dem andern freywillig schade. Aber oft geschieht es auch, daß einer ohne seinen Willen dem andern Schaden thut. So ist in dem

vori-

(Ersetzung des unversehenen Schadens.) vorigen Frühling einem ein Ochs ausgerissen, und hat einem andern ein Stück junge Saat rein abgefressen. Der, der den Schaden litte, wollte ihn ersetzt haben, der Herr des Ochsen wollte ihn nicht ersetzen. Was geschah? ein paar Tage hernach ließ der, welcher den Schaden gelitten hatte, durch sein Vieh insgeheim dem ungerechten Mann noch einmal so viel Saat abfressen. Hatte er es nicht verdient? und hätte er nicht dieses Unglück vermeiden können, wenn er den Schaden ersetzt hätte? Hättet ihr also kein Gesetz, wäre kein König und kein Amtmann, so müstet ihr doch euer Wort halten, euch sorgfältig hüten niemand zu schaden, und wenn einem ohne eure Schuld durch euch oder die eure geschadet worden, ihm alles wieder ersetzen, damit eure Nebenmenschen euch trauen können, und euch gerne mit ihrem Ueberflusse helfen. Wenn ihr einen Acker gekauft habt, so müßt ihr ihn bezahlen, sonst kommt der, der ihn verkauft hat, und jagt euch wieder davon. Habt ihr Geld geborgt, so müßt ihr die Zinse bezahlen, sonst kommt der, der es euch geliehen hat, und nimmt euch von dem eurigen, vielleicht wenn ihr es am nöthigsten braucht, so viel als ihr ihm schuldig seyd. Ihr wisset ja selbst, wie neulich dem Bauer mitten in der Heuernöte sein Pferd hat genommen werden sollen, weil er die Zinse nicht zahlte. Hätte der Pfarrer nicht noch für ihn gebeten, so wäre alle sein

Heu

Heu zu Grunde gegangen. Glaubt nicht, daß euch dadurch Unrecht geschieht, oder daß diejenigen böse Menschen sind, die euch etwas von eurem sauren Verdienst abnehmen und mit Nichtsthun blos von euren Zinsen leben. Viele unter ihnen arbeiten so gut als ihr, sie können aber mit ihrer blossen Arbeit nicht so viel verdienen, daß sie leben können, und deßwegen ziehen sie von ihrem Geld eben den Vortheil, den ihr von euren Aeckern und Wiesen zieht. Und am Ende, wenn sie auch nichts arbeiten, so haben sie euch doch mit ihrem Geld geholfen, damit ihr ihnen wieder mit den Zinsen helfen solltet. Thut ihr nun das nicht, so werden sie nicht allein auf ein andermal euch nicht helfen wollen, sondern sie werden auch ihr Geld wiederholen, und wenn ihr es dann nicht habt, so müßt ihr eure Felder verkaufen, und dann entbehrt ihr anstatt eines Theils eurer Früchte, die ihr an Zinsen abgeben müsset, die ganze Erndte. Eben so geht es mit den Hofdiensten, die eure Eltern thun müssen. Die Güter, von denen sie sie leisten, gehörten vor dem den Vorfahren eures Junkers. Da diese sie nicht selbst bauen konnten oder wollten, so gaben sie sie euren Vorfahren, mit der Bedingniß, daß sie dem Herrn des Hofs, durch ihre Knechte oder Mägde gewisse Dienste leisten sollten, und daß sie nie von dem Dorfe wegziehen wollten. Eure Voreltern konnten also nun sich und ihre Kinder und Knechte und Mägde ernähren, und hatten weiter dafür

nichts

nichts zu thun, als einen Knecht oder eine Magd, die sie aus dem Gut ihres Junkers selbst ernährten, zum Dienste des Junkers bereit zu halten. Alles andere gehörte ihnen. Und musten sie gleich auf dem Dorfe bleiben, so war doch das auch ihr Vortheil; denn wo wollten sie es so gut finden, da sie selbst nichts eigenes hatten? Und wann sie an einen andern Ort kämen, wer wollte ihnen noch trauen, da sie einmal ihr Wort gebrochen hatten? Oder, traute man ihnen auch, wer wollte sie vor ihrem Junker schützen, wenn er ihnen nachschickte, und sie überall aufhalten ließ, bis sie ihr Versprechen erfüllten? Mit dieser Bedingniß übernahmen eure Eltern eben diese Güter, und durch diese Güter wurden sie in den Stand gesetzt, auch euch bisher zu erhalten, und so viel zu erwerben, daß ihr auch künftig einmal etwas habt, wenigstens euch in den Stand zu setzen, durch eure Arbeit euer Brod zu verdienen. Ihr müßt also eben sowol das Versprechen eurer Voreltern erfüllen, als sie. Denn wenn ihr es thut, so könnt ihr hier wohl und sicher leben, euer Junker kann auf euch ein Vertrauen setzen, und eure Nebenmenschen werden euch glauben, wann ihr auch ihnen etwas zusagt, und deßwegen euch gerne helfen und beystehen, wann ihr sie nöthig habt. Zu allem dem kommt noch die Sicherheit vor der Strafe, die euch das Gesetz auflegt, wann ihr es übertretet. Wäre auch der Todtschläger stark genug, sein Leben gegen die Freunde des

Ermor-

Ermordeten zu schützen, wäre der Dieb stark genug, seinen Raub sicher zu besitzen, könnte der Betrüger seine Zusage brechen, wie er wollte, und machten sich alle diese böse Menschen nichts daraus, ob sie von andern Menschen geliebt oder gehasset würden; so sind sie doch gewiß nicht stark genug gegen die Gesetze. Gegen einen Mörder, gegen einen Dieb, gegen einen Betrüger steht die ganze Gesellschaft auf, und wie will sich einer wider diese vertheidigen? Wollt ihr also klug handeln, und wollt ihr euch glücklich machen, so müßt ihr die Gesetze genau erfüllen, und dann erst könnt ihr das eure ruhig besitzen und geniessen.

(Pflichten der Geselligkeit, oder sogenannte unvollkommene Pflichten.) Aber alles können die Gesetze euch nicht lehren. Ich habe euch schon gesagt, und ihr wißt es aus der wenigen Erfahrung, die ihr habt, daß ihr ohne die Beyhülfe anderer Menschen nicht glücklich werden könnt. Bisweilen könnt ihr wohl diese Hülfe erkaufen, wenn ihr euch, zum Exempel, einen Knecht miethet, oder wenn ihr einem Geld gebt für ein Haus, oder für den Gebrauch eines Stückgen Landes, oder wenn ihr Zinse für den Gebrauch des Gelds gebt, das ihr von andern erborgt, und da ist es genug, wenn ihr nur das haltet, was ihr versprochen habt. Allein, liebe Kinder, wo wolltet ihr das Geld alle hernehmen, wenn ihr alles bezahlen müßtet,

was

was andere beytragen können, euch glücklich zu machen? Wenn euch euer Ochs in einen Graben fiel, und ihr rieft euren Nachbaren, euch zu helfen; wie würde es euch gefallen, wenn ihr gleich dafür bezahlen müßtet? Oder wenn ihr krank würdet, und niemand wollte euch nach Hause tragen, bis ihr ihm etwas dafür zahltet, oder es wollte euch niemand einen guten Rath geben ohne Geld? Oder ihr wolltet euch einen angenehmen Zeitvertreib machen, und mit euren Nachbarn euch vergnügen, und sie wollten nicht kommen, bis ihr ihnen dieses oder jenes versprächet? Nicht wahr, ihr würdet bald von Haus und Hof laufen müssen? Aber, sorget nicht, Kinder. Eben so nöthig als ihr die Hülfe und den Rath und die Freundschaft eurer Nachbarn braucht, eben so sehr (Dienstfertigkeit.) brauchen sie die eurige. Wenn sie sehen, daß ihr geneigt seyd, ihnen zu helfen, wo ihr ohne euren großen Schaden dazu im Stande seyd; wenn sie sehen, daß ihr sie warnt, wo sie Schaden nehmen können, oder ihnen guten Rath gebt, wie sie dieses oder jenes anfangen sollen, um glücklich zu werden; oder wenn sie merken, daß sie in eurem Umgange Vergnügen finden, so werden sie von selbst eben so viel und oft noch mehr für euch thun, als ihr thut. Ihr müßt also keine Gelegenheit übersehen, wo ihr sie dieses merken lassen könnt. Die geringsten Kleinigkeiten sind dazu oft schon genug. Ein Gruß, wenn ihr eure Nachbarn seht; ein
Besuch,

Besuch, wenn sie krank sind, ein freundlicher Blick ist oft schon hinlänglich, euch die Gunst eurer Nebenmenschen zu verdienen. Ich habe einmal auf einem Spaziergang einen Jungen von ungefehr zehn Jahren, der vor meinen Augen in das Wasser fiel, glücklich errettet und seinen Eltern nach Hause gebracht. Ich that es aus Liebe zu dem jungen Knaben, dessen Vater ich kaum zweymal gesprochen hatte. Einige Wochen hernach wurde ich krank. Da hättet ihr sehen sollen, Kinder, wie der ehrliche Mann mir meinen geringen Dienst belohnte. Er gieng fast nicht von meinem Bette, er schickte mir alle Tage das gesundeste Essen, das er nur vermochte, er fuhr ohne mein Wissen in die Stadt, und holte den Arzt, der mich wieder herstellte, und wer weiß, ob ich nicht schon längst gestorben wäre, wenn der Mann nicht so für mich gesorgt hätte. Laßt euch also das ja gesagt seyn, daß ihr alle Menschen, die um euch sind, liebt und, so viel ihr könnt, sorgt, daß ihr sie glücklich macht.

(Neid.) Es giebt gewisse dumme böse Leute, die nicht leiden wollen, daß es andern besser geht wie ihnen. Diese beneiden einen jeden, wenn er ein Stückgen Land mehr hat als sie, oder wenn er mehr erndtet als sie. Diese Menschen aber werden überall gehaßt; denn da sie nicht gerne sehen, daß es einem andern wohl geht, so helfen sie andern ungern, und rathen ihnen selten, und deßwegen hilft auch ihnen niemand gern. Was haben die dummen

Men=

Menschen davon? Wann es andern wohlgeht, so sollten sie vielmehr machen, daß diese andere sie lieben, und ihnen gerne helfen möchten, aber durch ihren Neid thun sie gerade das Gegentheil. Die andern, die sie beneiden, werden dadurch nicht ärmer, sondern sie selbst, (Verläumdung.) weil sie machen, daß sie keine Freunde haben. Wieder sind andere, die können von niemand gutes reden. Erfahren sie von einem den geringsten Fehler, so breiten sie ihn überall aus, und lachen und freuen sich darüber, daß ihr Nebenmensch gefehlt hat. Oft lügen und erdichten sie gar allerley. Das sind auch dumme Leute; denn sie machen, daß sich jedermann vor ihnen fürchtet, und daß niemand ihnen helfen, oder mit ihnen umgehen will. Kein Mensch hat es gerne, wenn man übel von ihm spricht, und jedermann haßt den, der ihn auf diese Art verächtlich oder oft gar unglücklich gemacht hat. Noch andere sind immer (Unfreundlichkeit.) murrisch und verdrießlich. Man kann keine freundliche Mine von ihnen erwarten. Das sind wieder dumme Leute. Kein Mensch mag mit ihnen umgehen, sie verderben alle Freuden, und wenn man ihnen auch einmal einen Dienst erwiesen hat, so danken sie mit einer so sauren Mine, daß man niemal weiß, ob man es ihnen recht macht. Diese Leute haben immer mehr Mühe als andere, sich Freunde zu machen, und von andern Gefälligkeiten zu erhalten. Denn eine freund-

H liche

liche Miene ist ja doch das wenigste, was man für seinen Dienst erwarten kann. Noch andere (Zorn.) können nicht die geringste Beleidigung ausstehen. Sie werden gleich zornig und schlagen zu, oder schelten und fluchen, als wenn man ihnen noch so viel zu Leide gethan hätte. Auch das sind dumme Leute; denn weil es so gefährlich ist mit ihnen etwas zu thun zu haben, und so leicht, durch das geringste Versehen sich Scheltworte oder gar Schläge zuzuziehen, so traut niemand mit ihnen umzugehen, oder ihnen nur nahe zu kommen, und zudem beleidigen sie in ihrem Zorn so viele, und machen sie abgeneigt ihnen zu helfen; oder sie können wohl gar einem oder dem andern an Leib und Leben Schaden thun, und sie also auf einmal um all ihr Glück bringen. Wieder (Verschwiegenheit.) sind andere, die können gar nichts verschweigen. Das sind auch dumme Leute, die sich an ihrem Glücke oft selbst hindern. Sie fangen oft Zänkereyen und Feindschaften in den Häusern oder unter Freunden an, und bringen manche in Unglück. Deßwegen meidet sie jedermann, und die, denen sie geschadet haben, verfolgen sie gar wohl, und schaden ihnen wieder. Die übrigen können ihnen nichts anvertrauen, und da sie also wenig Nutzen von ihnen haben können, so werden sie auch abgeneigt ihnen wieder zu nutzen, und hüten sich sonderlich sorgfältig, solche Leute in ihr Haus oder ihren Umgang aufzunehmen, oder offenherzig mit ihnen zu reden,

(Unverſöhn=
lichkeit.) ben. Ferner giebt es auch noch ſolche, die gar keinen Fehler an andern, keine Beleidigung vergeſſen können. Das ſind mehr als dumme, das ſind rechte böſe Leute. Ich denke noch immer mit Vergnügen an eine Geſchichte, die ich mit Augen geſehen habe, und die unſerm rechtſchaffenen Pfarrer ſo ſehr zur Ehre gereicht. Der verſtorbene Schulze hatte auf den rechtſchaffenen Mann eine Feindſchaft geworfen, die ihn ſo weit triebe, daß er ihn vom Pfarrdienſt wegbringen wollte. Er verläumdete ihn bey ſeinen Obern, und brachte es ſo weit, daß ihm ſchon die Cantzel verboten wurde. Die Redlichſten aus dem Ort entſchloſſen ſich aber, ſelbſt zu der Obrigkeit zu reiſen, und brachten da ſolche Dinge an den Tag, daß man gar leicht ſehen konnte, daß das Vorgeben des Schulzen falſch und blos aus Haß erdichtet worden war. Der Pfarrer wurde alſo wieder eingeſetzt, und ſein Ankläger ſollte zum Veſtungsbau verurtheilt werden. Kaum erfuhr dieſes der Schulze, ſo gieng er zum Pfarrer, und flehte und wollte ihm zu Fuße fallen. Ehe er aber noch ausgeredet hatte, ſagte ihm der Pfarrer, daß er ihm alles vergäbe. Er ſchrieb auch noch an dem nemlichen Tag für ihn, und wendete alles an, daß die Strafe in eine Geldbuße verwandelt wurde. Seit der Zeit hatte der Pfarrer keinen beſſern Freund im Dorfe als eben dieſen. Der Mann erkannte ſein Unrecht, und wann er in der Mitternacht aufſtehen mußte

dem Pfarrer zu dienen, so that er es. Was hätte nun dem Pfarrer mehr genützet? Diesen Mann, der ihn beleidiget hatte, sich noch mehr zum Feinde zu machen, oder, so wie er thate, seine Freundschaft zu verdienen? Gewiß! das letzte. Der harte, der unversöhnliche Mensch kann selten Freunde haben. Alle Menschen können fehlen, die besten können andere aus Unwissenheit, aus Irrthum, aus Uebereilung beleidigen. Ist nun ein Mensch unversöhnlich, so muß sich jeder fürchten, ihm nur zu nahen; denn, wenn er es im geringsten mit ihm versieht, so wird er sein ärgster Feind, der nichts sucht als Rache. Wer mag mit einem solchen zu thun haben? Und was gewinnt er dabey? Was kann es ihm nutzen, wenn ein anderer Mensch unglücklich wird? Will er andere abschrecken, daß sie ihn nicht beleidigen, so schreckt er zugleich auch seine Freunde ab, daß sie ihm nicht helfen, weil sie ihn dabey unvermuthet beleidigen können. Macht sich also ein solcher Mensch nicht äußerst unglücklich? Denn wie kann ein Mensch unglücklicher seyn, als wenn ihn niemand liebt, niemand mit ihm umgehen, niemand ihm helfen will, und wenn sich jederman vor ihm fürchtet? Am allerdummsten und am allerbösesten sind die Undankbaren; die Leute, die, wenn sie eine Wohlthat empfangen haben, sie ihrem Wohlthäter nicht wieder vergelten, oder ihm gar dafür noch schaden. Solche Leute geben öffentlich zu erkennen, daß sie niemand etwas

(Undankbarkeit.)

was gutes zu erweisen im Stande sind; denn wollen sie nicht einmal dem etwas gutes erweisen, der ihnen vorher wohlgethan hat, wie werden sie es dem thun, der ihnen noch keinen Dienst erweisen konnte? Dergleichen Leute machen sich recht unglücklich; denn, wenn sie einmal gezeigt haben, wie schlecht sie die Dienste belohnen, die man ihnen erzeiget, so wird kein Mensch mehr die geringste Neigung haben, ihnen noch zu dienen. Diese Fehler alle vermeidet sorgfältig, meine Kinder; denn euer grösstes Glück hängt daran, daß die Leute, mit denen ihr leben müsset, euch wohl wollen und euch lieben, und das werden sie gewiß thun, wenn ihr auch ihnen zeigt, daß ihr sie liebt und ihnen wohlwollt. Schlage niemand einen Dienst ab, wenn ihr ihn, ohne euch sehr zu schaden, erweisen könnt. Insonderheit sucht euch die Leute zu Freunden zu machen, und zu erhalten, (Pflichten gegen die häußlichen Gesellschaften.) die mit euch unter einem Dache wohnen. Diese haben die meiste Gelegenheit euch zu dienen und zu helfen, und euch das Leben angenehm zu machen. Eure Eltern sind schon von selbst geneigt euch zu lieben; aber, wenn ihr sie nicht wieder liebet, so können sie auch anfangen euch zu hassen, und wenn andere sehen, daß ihr eure Eltern nicht liebt, die euch so viel Gutes gethan haben, so werden sie euch für undankbar halten, und dann wird euch kein Mensch mehr lieben können. Es wäre auch eine außerordentdeutliche Dummheit, wenn ihr eure Eltern nicht lieben und ihnen nicht folgen wollet. Sie sind so viel älter als ihr, sie haben so viele Erfahrung, sie können euch so manches Gute lehren, sie machen euer Glück zu ihrem eignen. Sind sie manchmal auch ein wenig hart, und werdet ihr durch sie beleidigt, so denket, daß sie euch doch immer lieben; denn es ist unmöglich, daß Eltern ihre Kinder ohne Ursache hassen sollten, und wenn ich es vor Augen sähe, so glaubt ichs nicht. Ueberdies haben sie euch zu einer Zeit, da ihr noch gar nichts wustet und kanntet, oft mit Gefahr ihres Lebens, immer mit Verlust an dem, was sie so sauer erworben hatten, gespeißt, gekleidet und erhalten. Das verdient von euch eine ewige Dankbarkeit und Liebe. Kommt ihr einmal in den Stand, daß ihr heurathet, so wißt ihr von eurer Mutter, wie viel eine Frau im Hauswesen auszustehen hat, und wie glücklich sie ihren Mann machen kann, wenn sie will. Sie wird es aber gewiß thun, wenn der Mann sie liebt, und wenn sie sieht, daß er auch sorgfältig ist, alles zu thun, was er kann, um sie glücklich zu machen. Bekommt ihr Kinder, so lehrt sie frühe das, was ich euch jetzo lehre. Ich brauche nicht zu erinnern, daß ihr sie lieben sollt, daß ihr euch bemühen sollt, sie glücklich zu machen. Das müßt ihr thun, wenn ihr auch nicht wollet; und ihr könnt es nicht besser thun, als wenn ihr sie lehrt, sich selbst glücklich zu machen, so wie ich es euch jetzt lehre. Habt ihr

ihr Geschwister, so denkt, daß ihr auch mit diesen so lange Zeit beysammen leben müsset. Liebt ihr euch untereinander, und sucht ihr einer den andern glücklich zu machen, so werdet ihr gerne beysammen leben; liebt ihr euch aber nicht, so denkt selbst, was das für ein elend Leben ist, wenn ihr nothwendig eine lange Zeit bey einem Menschen bleiben müsset, den ihr nicht liebt. Zu dem ist ein Bruder immer eher im Stande uns zu helfen, als andere; denn er kennt unsere Umstände am besten, und unser Glück ist auch ihm nützlicher als andern, weil ein Bruder doch immer geneigter ist dem andern zu helfen, als ein Fremder. Habt ihr endlich auch Gesinde, so laßt sie vor allen Dingen merken, daß ihr ihnen gerne wohlthut. Ihr wisset, ihr könnt nicht immer bey ihnen seyn. Verlaßt ihr euch blos auf den Lohn, den ihr ihnen gebt, so werden sie auch blos so viel arbeiten als nöthig ist, um zu verhindern, daß ihr ihnen den Lohn nicht entziehet, und sie von euch jagt. Sehen sie hingegen, daß ihr billig, mitleidig, gütig, wohlthätig gegen sie seyd, so werden sie alles thun, um euch glücklich zu machen. Denn sie denken gewiß: ist unser Herr glücklicher und reicher und vergnügter, so wird er uns auch immer mehr wohlthun, da er schon itzt so gut ist. In eurem Hauswesen müsset ihr also vor allen Dingen euch überall durch Dienstfertigkeit, Güte, Wohlthätigkeit, Dankbarkeit Freunde machen; und auch außer eurem Hause, müßt ihr jedermann zu gewinnen

H 4   suchen,

suchen, damit jedermann euch wieder diene, wenn er kann. Glaubt nicht, daß das blos (Pflichten gegen die Armen.) die Reichen und Großen können. Der ärmste, der geringste Bettler kann euch oft einen Dienst erweisen, den ihr mit eurem halben Vermögen nicht bezahlen könntet, wenn ihr ihn erkaufen wolltet. Vor einigen Jahren kam oft ein armer Mann in unser Dorf, dem einer von den Einwohnern immer viel Gutes thate. Dieser gutherzige Mann hatte einmal einige hundert Thaler in seinem Hause, womit er den andern Tag ein Feld bezahlen wollte, das er gekauft hatte. Er wollte sich eben des Abends zu Bette legen, als der Arme ganz außer Athem gelaufen kam, und ihm insgeheim anzeigte, daß er eben im Walde zween Bauern aus einem benachbarten Dorfe belauscht hätte, da sie sich beredeten, ihm diese Nacht die Scheune in den Brand zu stecken, um alsdann unter dem Lermen sich in das Haus zu schleichen und ihm sein Geld zu rauben. Jener versammlete in dieser Noth alle seine Freunde, und versteckte uns bey der Scheune. Kaum hatten wir da eine Stunde gewartet, so kamen die Diebe und wollten das Feuer wirklich anlegen. Wir ergriffen sie aber, und sie wurden beyde hingerichtet. Wäre der Nachbar nun gegen den Armen nicht so mitleidig gewesen, so hätte sich dieser Arme vielleicht aus Verzweiflung selbst zu den Mordbrennern geschlagen, oder wenigstens wäre er nicht gekommen, den Mann

zu

zu warnen, und der wäre nur wohl noch ärmer als der Bettler selbst. Laßt euch also genug seyn, daß einer ein Mensch ist, um ihm zu helfen. Laßt ihr die Armen in der Noth, so werden sie bald aus Hunger und Verzweiflung genöthiget euch zu berauben und zu bestehlen; helft ihr ihnen aber, so können sie euch selbst wieder auf tausenderley Arten nutzen. Ja, auch (Pflichten gegen euer Vieh müßt ihr mitleigegen das dig seyn. Wenn ihr euer Pferd Vieh.) überladet, oder eure Ochsen und Kühe übertreibt, oder sie Noth und Hunger leiden lasset, so macht ihr sie nicht allein zur Arbeit untüchtig, und setzt euch in Gefahr sie zu verlieren; sondern, wenn auch andere sehen, daß ihr gegen euer Vieh hart und grausam seyd, so hoffen sie immer weniger von euch, und sind immer weniger eure Freunde, weniger geneigt euch zu dienen.

Lieben Kinder! wenn ihr dieses alles thut, so werdet ihr gewiß glücklicher seyn, als ihr euch einbilden könnt. Es wird euch freylich manchmal eure Hofnung betrügen. Ihr werdet manchmal andern Dienste oder Gefälligkeiten thun, ohne einen Nutzen davon zu haben. Denn nicht alle Menschen, die um euch sind, sind gut und klug genug, dankbar und dienstfertig zu seyn; allein die meisten sind es gewiß. Werdet deßwegen nicht gleich hart und unfreundlich, wenn euch mancher mit Undank belohnt. Besäet ihr doch euer Feld immer,

H 5 wenn

wenn schon manchmal ein Miswachs euch eure Hoffnung zu einer reichen Ernbte raubt. Auch wird euch oft manch' Unglück begegnen, das ihr nicht verhindern könnt; allein ein solch Unglück wird euch immer leichter seyn, als das, das ihr euch selbst zuziehet: denn jedermann wird euch beklagen und helfen, wann ihr nicht selbst schuld an eurem Elende seyd; seyd ihr aber selbst schuld daran, so verachtet und verspottet euch der gröste Theil; keiner hat Mitleiden mit euch; die wenigsten, vielleicht keiner wird euch beystehen, und ihr werdet euch euer Unglück noch selbst durch die schmerzlichsten und bittersten Vorwürfe vergrößern.

(Glückseligkeit des Landlebens.) Ihr seyd darinn vorzüglich glücklich, meine Kinder, daß ihr in einem Zustande gebohren worden seyd, wo ihr so wenig braucht, um ruhig und vergnügt zu leben. Ich muß immer lachen, wenn ich die Leute in der Stadt sagen höre, daß sie glücklicher und besser lebten, als wir hier auf dem Lande. Laßt euch, Kinder, wenn ihr je in die Stadt kommt, nicht durch den Schein verführen. Ich bin lange Zeit in der Stadt gewesen, und habe gelernt, wie es dort zugeht. Arbeiten muß man dort, wie hier; aber was für ein Unterschied zwischen der Arbeit! Einige müssen in der Stadt, um ihr Brod zu verdienen, vom Morgen bis spät in die Nacht auf einem Stuhle sitzen, ohne sich zu bewegen, ohne frische Luft zu schöpfen, ohne sich

sich umzusehen. Sehr z. B. den Schneider, den Schuhmacher, den Uhrmacher und so viele hundert andere. Einige haben zwar auch Bewegung genug, aber mit der entsetzlichsten Lebensgefahr; bald müssen sie auf dem Gebälke herumklettern, wo Ein Schritt sie um Gesundheit und Leben bringen kann; bald müssen sie auf die äußerste Spitze der Dächer steigen, wo der geringste Schwindel, die mindeste Unachtsamkeit sie ohne Rettung ins Grab stürzt; bald müssen sie Lasten tragen, unter welchen sie erliegen. Andre müssen in dem Staub arbeiten, wo sie nie Athem schöpfen, ohne zugleich den Staub einzusaugen, der gewiß ihr Leben verkürzt; andre müssen den ganzen Tag über an dem feurigen Ofen stehn, und bey der Hitze des Sommers und des Feuers zugleich verschmachten. So hart und gefährlich diese Arbeiten sind, so viel Mühe müssen sich die Leute noch geben, um nur Arbeit zu finden. Sie müssen sich vor dem stolzen Reichen demüthigen, sie müssen seinen Eigensinn, seinen Zorn, seine Dummheit ertragen. Wenn sie noch so geschwind arbeiten, so ist es diesem nie geschwind genug; wenn sie es noch so fleißig und noch so gut machen, so ist es ihm nicht gut genug. Will dann der gute fleißige Mann, der bey seiner Arbeit so viel Misvergnügen, so viele schlaflose Nächte gehabt hat, endlich sein Geld haben: so wird er von einem Tage zum andern gewiesen; sein Lohn wird ihm oft gar nicht bezahlt, oft geschmälert. Er muß indessen le-

ben

ben, er muß Abgaben geben, wie ihr, und sein Leben und seine Abgaben kosten ihn noch viel mehr, als euch. Seine Wohnung ist theurer; er muß sich besser kleiden; er muß immer Geld haben, um sich sein Essen und Trinken zu kaufen. Dann muß er es kaufen, wie er es findet, wie man es ihm gibt. Der Reiche kauft ihm immer das Beste weg, und meist bleibt ihm nichts, als was andre nicht wollen. Geschieht ihm von seinen Bekannten, oder seinen Nachbarn, oder von Reichen und Mächtigen, mit denen er doch immer zu schaffen haben muß, Unrecht, so hat er viel mehr Mühe, zu seinem Rechte zu kommen; oft kommt er vollends darum, weil seine Gegner mehr über den Richter vermögen, als er. Er hat außerdem noch immer tausend Verführungen vor Augen, immer Leute vor Augen, die ihm glücklicher scheinen, als er. Wird er so leben wollen, wie diese, so wird er in kurzem verderben; bleibt er aber in seinen Schranken, so wird er verdrießlich, neidisch, unzufrieden. — Ich kann euch nicht die Hälfte von den Beschwerlichkeiten des Stadtlebens sagen. Aber dieses ist gewiß schon genug, euch zu überführen, daß ihr weit glücklicher seyd. Eure Arbeiten schaffen euch alles, was ihr zum Leben braucht, und sind zugleich eurer Gesundheit überaus nützlich. Ihr seyd in einer beständigen Bewegung. Die frische Luft, die Wärme der Sonne, der Geruch der Wiesen und selbst der rohen Erde, ist angenehm und gesund. Selbst Wind und Regen sind

sind gesund: sie härten den Körper, sie entfernen von ihm alle üble Ausdünstungen, und machen, daß ihr freyer athmet, und daß euer Blut besser lauft. — Lebensgefahr habt ihr nie bey euren Arbeiten; nie braucht ihr länger zu arbeiten, als bis an den Abend, und selbst eure Winterarbeiten sind so beschaffen, daß ihr dazu nie die Nacht zu Hülfe nehmen müsset. Ihr braucht niemand gute Worte zu geben, um Arbeit und Verdienst zu finden: euer Feld, eure Heerde gibt euch beydes. Ihr braucht nie zu befürchten, daß Geiz oder Ungerechtigkeit euch euern Lohn schmälert. Ihr lohnt euch immer selbst; denn wie ihr arbeitet, so schenkt euch Feld und Garten und Heerde eure Belohnung, die ihr nur nehmen dürft. Ihr braucht nicht erst von andern eure Lebensmittel zu suchen, und zu nehmen, was man euch gibt. Euer Kornboden, euer Stall, euer Garten reicht sie euch ohne eure Sorge, wenn ihr nur arbeitsam und sparsam seyd. Ihr werdet seltner von Reichen und Mächtigen gedrückt: denn ihr habt euer Verkehr meist mit Leuten eures gleichen, und um desto leichter erhaltet ihr euer Recht. Ihr sehet, daß alles um euch schlecht und mit wenigem vergnügt lebt, und ihr lernt leicht auch so leben. Eure Häuser, eure Kleider kosten euch wenig, und um desto weniger braucht ihr zu sorgen. Kommt Miswachs, so leidet ihr ungleich weniger, als der Bürger: denn der braucht mehr, als ihr, und muß warten, was ihr ihm geben könnt: und

fällt

fällt die Erndte gut aus, dann habt ihr den meisten Vortheil. Es sind freylich manche Bürger in der Stadt, die besser leben können, die mehr geehrt sind; aber sind sie deswegen glücklicher? Je höher der Stand ist, desto größer ist der Aufwand, desto wichtiger sind die Sorgen, desto häufiger sind die Gefahren. Es ist mancher in der Stadt, der für seine bloßen Kleider so viel aufwenden muß, als ihr braucht, um ein ganzes Jahr durch zu leben. Denket, wie mühsam, wie sauer es diesem werden muß, alles das herbeyzuschaffen? Ja, wenn er es noch von seinem Felde oder aus seinem Garten nehmen könnte, dann wär er noch glücklich; aber er muß meist alles von dem Willen andrer erwarten. Erwirbt er, was er braucht, so muß er Tag und Nacht sorgen, wie er es machen soll, daß andre ihm seinen Verdienst nicht entziehen. Itzt ist einer ein Freund, ein Rathgeber des Königs, und er hat alles im Ueberflusse; morgen wird der König verdrießlich über ihn, und es wird ihm alles wieder genommen, oder er ist vielleicht nicht vorsichtig genug in seinem Amte gewesen, und nun wird ihm nicht allein alles genommen, sondern man setzt ihn wol gar ins Gefängniß, und raubt ihm am Ende selbst das Leben. Kommt es auch nicht so weit, so denkt nur selbst, wie es dem zu Muthe seyn muß, der erst gestern noch von allen geehrt wurde, Häuser, Bedienten, Kleider, Pferde, alles Vergnügen hatte, und nun auf einmal von allen

verach-

verachtet wird, und alles entbehren soll? Ist einer von dem Glücke so begünstigt worden, daß er ohne alle Arbeiten und Beyhülfe anderer, von den Einkünften seiner Reichthümer leben kann: so muß er von einer Stunde zu der andern fürchten, daß ihm Unglück oder Betrug alles wieder raubt. Ich hab euch neulich von einem Mann erzählt, daß er auf diese Art in die äußerste Armuth gekommen ist, und, da er seinen Körper durch sein müßiges, wollüstiges Leben ganz verdorben und elend gemacht hatte, endlich nicht einmal mehr arbeiten konnte, und sich mit betteln mühsam ernähren muste: dergleichen trefft ihr alle Tage in den Städten an. Ihr werdet euch verwundern, Kinder, wenn ihr euch einmal in der Stadt umseht, was euch da für Dinge vorkommen werden. Ihr werdet da Leute sehen, die über und über mit Gold und Seide bedeckt sind, und dabey so sauer, so murrisch aussehen, als wenn sie in acht Tagen nichts zu essen bekommen hätten. An einem andern Orte werdet ihr Gerippe herumgehen sehen, die so viel Vermögen haben, daß sie euer ganzes Dorf auskaufen könnten, und die doch nicht einen Bissen Brod genießen können, und von lauter Brühen, die eure Hunde nicht essen möchten, ihr elend Leben fristen müssen. Wieder werdet ihr andre sehen, die auf den allerfeinsten Betten in lauter Wolle und Federn liegen, und sich von Gott nichts bitten, als eine Viertelstunde lang so sanft zu schlafen, als ihr oft mitten im Feld,

auf

auf der Erde, ganze Nächte bey euren Heerden schlaft. Ihr werdet andre finden, die auf einem weichen Kissen in ihrem Sessel sitzen, und ohne den Fuß zu bewegen, hinter einem Buch oder mit der Feder in der Hand, mehr schwitzen, als ihr in der Heuernde. Ihr werdet manche sehen, die sich in Häuser verkriechen müssen, wo die Sonne und der Tag kaum hindringen kann; oder solche, die sich nur halb satt essen, um ihren Rock mit Gold und Silber zu besetzen, oder Leute in ihren Diensten zu halten, die nichts zu thun haben, als hinter ihnen herzugehen, oder ihnen den Rock zu bringen, wenn sie sich anziehen wollen. Ihr werdet Kinder sehen, die, anstatt daß ihr auf der Wiese, im Garten, im Felde herumspringt, oder im Bache badet, immer in der Stube sitzen, und sich mit tausend Dingen den Kopf zerbrechen lassen müssen, um die ihr euch euer Lebtag nicht bekümmert. Wenn ihr des Morgens in einer Viertelstunde davonspringt, so müssen die reichen Stadtkinder sich schon gewöhnen, ihre Haare verzerren, ihre Füße in enge Schuhe, alle ihre Glieder in unbequeme Kleider spannen zu lassen: dann müssen sie immer den Kopf auf eine gewisse Art tragen, immer die Hände und Füße und ihren ganzen Leib nach gewissen Regeln bewegen. Wachsen sie heran, dann müssen sie fort aus dem Haus ihrer Eltern. Da stehen sie entweder überall der Gefahr der Verführung blos, und machen sich, weil sie so wenig erfahren haben, manchmal

mal in einer Stunde für ihr ganzes Leben unglücklich, oder sie müssen schon Tag und Nacht für ihren künftigen Unterhalt sorgen. Kommen sie zurück, müssen sie zehenmal mehr, zehenmal mühsamer arbeiten, als ihr; sie müssen dann sich bücken, vielleicht gar betrügen und schmeicheln und wer weiß was thun, bis sie die Gunst andrer Menschen so weit erwerben, daß diese ihnen Aemter oder Verdienste zuweisen. Haben sie diese, dann müssen sie sich wie der geringste Handwerksmann nach dem Eigensinn ihrer Mitbürger bequemen, und ihren mühsamen Verdienst theils in Dingen verschwenden, die ihnen kein Vergnügen schenken, und nur dazu dienen, daß sie von andern nicht verachtet werden, theils ihn mit Sorge und Mühe zu erhalten und zu vermehren suchen. Wollen sie heyrathen, so dürfen sie nicht diejenige zur Frau nehmen, mit welcher sie vergnügt zu leben hoffen, sondern sie müssen sich eine reiche Frau, eine Frau, die von ihrem Stand ist, aussuchen; und finden sie unter denen, die diese Eigenschaften haben, keine, die ihnen gefällt, so müssen sie entweder gar nicht heyrathen, oder ihr ganzes Leben mit einer Person zubringen, die sie nicht leiden können. Wollen sie sich bey ihren Arbeiten einen guten Tag machen, so dürfen sie sich nicht lustig machen, wie sie wollen, sondern so, wie sich andre lustig machen, wie es anständig ist. Verlangen sie etwas, so dürfen sie es nicht suchen, wie es am leichtesten wäre, sondern wie es sich für

J ihren

ihren Stand schickt. Wenn euch dürstet, so lauft ihr zum Brunnen; wenn sie es dürstet, so müssen sie warten, bis ein andrer kommt, der für sie zum Brunnen geht. Wenn es euch hungert, so holt ihr euch zu essen; sie müssen andre schicken. Wenn ihr einen ehrlichen Mann seht, der euch dienen kann, oder den ihr euch zum Freunde machen wollt, so öffnet ihr ihm ohne Bedenken eure Arme; in der Stadt darf man mit dem ehrlichsten Manne nicht vertraut seyn, wenn er nicht von gleichem Stand ist. — Ich möchte euch nicht wünschen, daß ihr nur einen Monat dort zubringen müstet; denn ich weiß, ihr würdet euch in den ersten Wochen wieder nach eurem itzigen Zustande sehnen. Laßt dem reichen Bürger seinen Glanz, seine Häuser, seine Bedienten, die ihn so viele Sorgen, die ihn so viele Gefahren, die ihn oft die Ruhe und Zufriedenheit seines ganzen Lebens kosten. Ich möchte wissen, was er vor euch zum Voraus hat! Besser als ihr, ist er wahrhaftig nicht: denn er lebt ja nur von euch, und ohne eure Arbeiten sollten die Städte bald zerfallen und zu Grunde gehen. Glücklicher ist er gewiß auch nicht; wie könnte er, der so viel braucht, so viel arbeiten, so viel sorgen muß, der seine Ruhe, seine Gesundheit, alle Freuden des Lebens oft ganz aufopfern muß, nie ohne Zwang genießt, wie könnte der glücklicher seyn? Nöthig ist er freylich auch. Denn, Kinder, alle Menschen sind so genau mit einander verbunden, daß immer einer

durch

durch den andern bestehen muß. Es wäre nicht gut, wenn Alle Ackersleute wären. Man braucht Handwerker, Künstler, Kaufleute, Gelehrte, Soldaten; man braucht Städte und Vestungen, die verhindern, daß andre Gesellschaften sich nicht zum Meister des Eurigen machen und sich auf euern Gütern festsetzen; man braucht Orte, wo viele Menschen beysammen wohnen, um diejenigen gemeinen Vortheile zu erhalten, die ohne viele Hände nicht erhalten werden können; und kurz, kein Stand, der zum Nutzen der andern etwas beyträgt, ist verächtlich oder unnöthig; aber unter allen nutzt keiner so viel, als der Eure, ist keiner so glücklich, keiner so sicher, keiner so frey, keiner so angenehm. Wann eure Wiesen blühn, wenn eure Bäume die ersten Blätter herausstoßen, wann eure Felder keimen, wann der Frühling eure Berge und Thäler mit Gras und Blumen überzieht, wann die Sonne an einem schönen Morgen hervorstrahlt, wann der Abend oder der Schatten euch an einem schwülen Tage kühlt, wann eure Heerden auf den Weiden springen, wann eure jungen Lämmer im Klee spielen, wann eure Saaten reifen, wann eure Gärten euch ihre Früchte anbieten, wann euer Weinstock euch seine Trauben darreicht — o Kinder! wo haben Städte, wo haben fürstliche Palläste ein Schauspiel, das so reizend, so schön, so angenehm ist? Freuet euch, Kinder, daß ihr zu einem so glücklichen Leben gebohren worden seyd. Und wollt ihr

euer

euer ganzes Glück recht genießen, so thut, was ich euch bisher gelehrt habe, werdet kluge und gute Menschen.

(Das Ge- Ihr habt gehört, daß alles, wissen.) was ihr thun sollt, euch blos deswegen befohlen wird, weil ihr dadurch euch wirklich glücklich macht, und ich hab euch überall gezeigt, wie ihr euch dadurch glücklich macht. Aber von einer Glückseligkeit, die ihr euch erwerben könnt, wenn ihr allen meinen Ermahnungen folgt, hab ich euch noch nicht gesagt, und diese ist gerade diejenige, welche euch die schätzbarste, die wichtigste seyn kann. Das ist ein gutes Gewissen. Wenn ihr euch krank, arm, bey euren Nebenmenschen verhaßt gemacht hat, so werdet ihr nicht allein durch eure Krankheit, durch eure Armuth, durch den Haß euter Nebenmenschen unglücklich, sondern ihr fühlt dabey noch einen geheimen Schmerz, so oft ihr bedenkt, daß ihr schuld an eurem Unglücke seyd. Diesen Schmerz werdet ihr nicht allein vermeiden, wenn ihr immer so kluge und gute Menschen zu seyn trachtet, als ich euch itzt zu seyn gelehrt habe: sondern ihr werdet dagegen noch eine Ruhe, eine Freude fühlen, die euch glücklicher machen wird, als alle Welt euch machen kann. Diese Ruhe wird euch, wenn ihr auch, vielleicht oft ohne eure Schuld, unglücklich seyd, dennoch immer trösten und vergnügt erhalten. Unser voriger Pfarrer wurde einmal auf der Kanzel

vom

vom Schlage gerührt. Er war ein rechtschaffner Mann, und gewiß so klug und so gut, als einer. Er kam wieder zu sich, aber er bliebe gelähmt, so lang er lebte. Ich besuchte ihn täglich, und ich gesteh es, ich konnte mich nicht der Thränen enthalten, so oft ich den rechtschaffnen Mann da liegen sah. Aber wenn er anfieng zu reden, so waren in dem Augenblick alle meine Schmerzen weg. Er sprach von seinem Unglück mit so viel Gelassenheit; er erinnerte sich mit so vieler Freude an jede gute That seines Lebens; er war so vergnügt, wann er sah, wie zärtlich seine Frau, seine Kinder, seine Freunde um ihn besorgt waren, daß er selbst seinen Zustand gar nicht zu empfinden schien, und uns immer eher tröstete, als wir ihn zu trösten im Stande waren. Was weint ihr? sagte er: Ihr wißt ja, daß ich mir dieses Unglück nicht selbst zugezogen habe. Es wird gewiß bald vorübergehn; wenigstens wird es mich nie ganz darniederschlagen, nie aller Glückseligkeit berauben. Seine Freudigkeit dauerte bis zu dem letzten Hauche seines Lebens. Wollt ihr auch immer so freudig seyn, so bemüht euch immer, so rechtschaffen zu leben.

(Religion.) Doch Kinder — ich muß es euch nur sagen, sonst würdet ihr mich für einen alten Betrüger halten — so freudig, so glücklich, als dieser mein Freund war, könnt ihr dennoch nicht werden, wenn ihr mehr nicht wisset, und mehr nicht thut, als was ich euch bisher gesagt habe. Ich hab euch nur gelehrt, wie ihr es machen müsset, um euch nicht selbst unglücklich zu machen. Aber es gibt so viele Fälle, die ihr nicht voraussehen, so vieles Elend, das ihr durch eure Kräfte nicht abwenden könnt; und Unglück ist immer Unglück. Zwar ein unverschuldetes Unglück ist weniger schmerzlich, als dasjenige, welches wir uns selbst zugezogen haben, aber schmerzlich bleibt auch dieses doch immer. Und nicht allein schmerzlich, wenn es da ist, sondern auch dann schon, wann einer es blos befürchtet, blos als möglich denkt. Wann einer sein Feld baut, und denkt: wer weiß, ob es tragen wird, wer weiß, ob es der Feind nicht verstören wird; wann einer in seiner Hütte sitzt, und denkt: diese Nacht kann sie abbrennen; wann einer seine Heerde zur Weide führt, und denkt: wie leicht kann sie die Seuche befallen: dann, o Kinder! dann wird ihn weder seine Saat, noch seine Hütte, noch seine Heerde mehr freuen. Und wo ist ein Mensch, der ihm dafür bürgen kann, daß er alles dieses bis an das Ende des Lebens erhalten werde? Ja, wenn es auch einer könnte, wie fürchterlich müste ihm doch immer der Anblick des Todes seyn! Ich baue mein Feld vielleicht für andre; ich muß vielleicht diese Nacht mein Haus verlassen; ich werde vielleicht diese Nacht von meinem Weibe, von meinen Kindern, von allem, was mir lieb ist, getrennt, und wie wird es dann mit mir werden! Beobachtet alles, was ich

euch

euch bisher sagte, noch so genau, Kinder! diese Furcht werdet ihr nie vertreiben können.— Aber es ist ein Mittel, wodurch ihr sie vertreiben könnt. — Es ist ein Gott, Kinder, der für uns sorgt, und der uns nie unglücklich werden läßt, wenn wir uns nicht selbst unglücklich machen; ein Gott, der alles weiß und alles siehet, was ihr denkt und thut. Das ist der Gott, der euch den Sommer und die Erndte werden läßt, der euch den Regen gibt und den Thau, und ohne welchen ihr umsonst säet und pflanzet. Ein Gott, der euch so viel Gutes gibt, sollte der euch hassen, euch unglücklich machen können? Nein, Kinder, nimmermehr! Dem Gott vertrauet, und fürchtet nichts! Nichts geschieht ohne seinen Willen, und sein Wille ist, daß ihr glücklich seyd, wenn ihr euch nicht selbst unglücklich macht! glücklich, wenn ihr von ihm alles Gute hoffet.

Ich kann euch den Gott nicht zeigen, ich kann ihn euch nicht begreiflich machen. Denn, Kinder, wir wissen sonst nichts von ihm, als daß er unser und der ganzen Welt Schöpfer ist, und daß er uns und die ganze Welt glücklich machen will. Wir würden vielleicht dieses nicht einmal recht wissen; wir würden vielleicht daran nicht gedacht haben, wenn eben dieser Gott uns nicht hätte sagen lassen, was uns von ihm zu wissen nöthig war. Aber er hat uns eben deswegen diesen Unterricht geben lassen, und daher haben wir die heilige Bibel, welche

J 4 nichts

nichts enthält, als Lehren, wie wir es machen müssen, um beständig glücklich zu seyn. Wer wollte einer Lehre, die von Gott, dem weisesten, besten Gott herkommt, nicht gehorchen? Dieses, Kinder! ist diejenige Lehre, welche euch in der Kirche bekannt gemacht wird. Blos, um diese euch recht einzuprägen, hat unser König, der immer für alles, was uns glücklich machen kann, so besorgt ist, Kirchen und Prediger angeordnet. Besuchet diese Kirche fleißig. Dort werdet ihr erst recht lernen, wie ihr es machen müßt, glücklich zu seyn; denn Gott verspricht euch in seinem Worte, nicht weniger, als ein ewiges, ganz vollkommenes Glück, und fordert dafür nicht mehr, als daß ihr alles das thut, was ich euch bisher gesagt habe, daß ihr dabey völlig auf ihn vertraut, ihm glaubt und in allem Glück und Unglück zu ihm eure Zuflucht nehmt. Dieses, liebe Kinder! hat mein Freund, der rechtschaffene Pfarrer gethan, der, wie ich euch vorhin erzählte, bey der grösten Krankheit, bis an das Ende seines Lebens so freudig und glücklich war.

Er sagte mir oft, ich würde in meinem Elende vergangen seyn, wenn ich nicht zu meinem Gott ein völliges Vertrauen gehabt hätte. Aber, sagte er, wenn ich betrübt, wenn ich unruhig werden wollte, so rief ich Gott an, so klagte ich ihm insgeheim mein Leiden, und ich weiß selbst nicht wie es kam, ich wurde nach jedem Gebet so ruhig, so vergnügt, als wenn
mir

mir nichts fehlte. So sagte mein Freund, und, Kinder! er hatte warlich recht. Glaubet einem alten Manne, der es auch erfahren hat; das Gebet eines Rechtschaffenen, der von Gott alles erwartet, von ihm alles hoffet, ihm allein vertraut; das Gebet ist nie unerhört geblieben. Wenn uns auch Gott schon nicht immer das giebt, um was wir ihn bitten, so giebt er uns gewiß etwas bessers, die Ruhe des Gemüths, Zufriedenheit mit unserm Schicksal, und die sicherste zuversichtlichste Hofnung, daß wir künftig weit glücklicher und weit gesegneter seyn werden. Wie könnte er auch uns gerade das geben, was wir bitten? Wir bitten oft so unvernünftig um Dinge, die uns äußerst elend machen würden. Es war einmal ein Schulze in eurem Dorfe, der glaubte, es wäre nichts besser als Reichthum und vieles Geld. Vermuthlich hat er Gott oft genug darum gebeten. Es mag aber nun seyn wie es will, genug, er fand einmal einen Schatz von etlichen tausend Thalern auf seinem Acker. So bald er das Geld hatte, verkaufte er sein Schulzengut und zog in die Stadt. Er arbeitete nichts mehr; seine Frau that so wenig als er; die Kinder wurden lüderlich; die Alten tranken und spielten den ganzen Tag. Kaum waren etliche Jahre vorbey, so fiengen seine lüderliche Söhne an erst ihn, darnach andere zu bestehlen; der eine wurde erwischt und aufgehängt; der andere lief davon, und irrt nun in der Welt herum; die Mutter kam wegen allerley Aus-

J 5   schwei-

schweifungen und Lüderlichkeiten in das Zucht-
haus; und der Vater starb endlich in der äus-
sersten Armuth. Was nutzte diesem nun sein
Geld? Um wie viel glücklicher würde er nicht
gewesen seyn, wenn er in seinem vorigen
Stande geblieben wäre? Seht, Kinder, so
wenig wissen wir oft was wir wünschen. Gott
weiß allein, was uns glücklich machen kann,
und den Rechtschaffenen und Guten macht er
gewiß glücklich. Ich war krank; da rief ich:
Gott erbarme dich meiner, und ich wurd gesund; ich war arm, da fiel ich nieder und be-
tete, und Gott half mir. Er schickte mir Gelegenheit, mir durch meine Arbeit aus dem
Mangel zu helfen, und ich arbeitete und dankte
ihm, und wurde getröstet und beruhigt. So
gütig, liebe Kinder! so barmherzig ist unser
Gott, so lieb hat er uns. Denkt nur nicht,
daß er euch hasse oder vergesse, wenn ihr auch
manchmal in Unglück oder Gefahr kommt.
Nein, Kinder! lernet einmal von mir etwas,
das so viele dumme und eigensinnige Menschen
nicht begreifen wollen. Eben so wie diese Sonne, die euere Erndte reif macht, und eure Gärten mit Früchten überschüttet; eben so wie der
Regen, der eure Wiesen wässert, und wie der
Wind, der eure Saaten befruchtet; eben so
wie diese nicht allein für euch, nicht allein euch
zu gut geschaffen sind, sondern zugleich noch
viele tausend Menschen glücklich machen; eben
so ist auch das Feuer, das vielleicht eure Hütte
verzehrt; der Sturm, der eure Bäume zerreißt;

der

der Hagel, der eure Staaten zerschlägt; der Krieg, der eure Felder verheert; die Krankheit, die euch ohne euer Verschulden befällt; eben so, sage ich, sind alle diese Dinge auch nicht euch allein zu schaden, euch allein unglücklich zu machen, von Gott verhängt, oder zugelassen worden. Das Unglück des einen muß oft tausend andere glücklich machen. Oft kann selbst mancher nicht anders glücklich werden als durch Unglück. Die fruchtbare Witterung, die euch ein glückliches Jahr giebt, ist vielleicht Schuld, daß tausend andere in Elend und Mißwachs gerathen. Das Ungewitter macht eure Felder oft fruchtbar, indem es die Hütte eurer Nachbarn zerschmettert; der Regen, der eure trockene Felder und Wiesen tränkt, schwellt vielleicht an einem andern Ort einen Fluß auf, der ganze Dorfschaften und Mayerhöfe mit sich dahin reißt; der Krieg, der hundert Familien in die äußerste Noth bringt, der befreyt vielleicht die Welt von tausend Bösewichten, die schon eurer glückseeligen Ruhe droheten, und eure Güter verschlingen wollten. So nützt euch oft das Unglück der andern. Und was habt ihr zum voraus? Warum soll nicht auch oft euer Unglück andern nützlich seyn? Ja, es ist euch selbst oft unendlich vortheilhafter, als das größte Glück. Wie mancher wäre lasterhaft, träg, ein böser Mensch geworden, wenn er in einem guten Stande geblieben wäre? Die Noth lehrt arbeiten. Wie mancher hätte sich Zeitlebens unglücklich gemacht, wenn nicht eine
Krank-

Krankheit zu rechter Zeit ihm das Vermögen dazu benommen hätte?

Wir können Gott und seine Absichten mit uns so wenig begreifen, daß wir nie bey den Zufällen unsers Lebens wissen können, ob sie für uns Glück oder Unglück sind. Ein sehr frommer und weiser Mann erzählte mir in meiner Kindheit einmal einen Traum, der mir nie vergessen wird, und an den ich immer dachte, wann mir etwas widriges begegnete.

„Ob ich gleich, sagte mein Freund, nichts eifriger suchte, als mich glücklich zu machen und Gott zu gefallen, so stieß mir doch einmal ein Unglück zu, das mich ausserordentlich schmerzte. In meiner Betrübniß fieng ich an zu zweiflen: ob Gott auch wirklich für die Menschen sorge, und sie glücklich machen wolle? Diese Zweifel preßten mir die bittersten Thränen aus, und mit Thränen im Auge schlief ich einstmal ein. Da kam es mir vor, als ob ich auf einem Wege wäre, wo ich mich verirrt hätte. Ich stund einige Zeit ohne zu wissen, wo ich hin sollte. Da kam ein Mann zu mir, der mir, den Weg zu zeigen und mit mir zu gehen, versprach. Ich folgte ihm nach. Er führte mich an das Haus eines Mannes, der uns sehr wohl empfing, und der der beste Mann von der Welt zu seyn schien. Als wir weggiengen, sahe ich, wie mein Begleiter einen schönen silbernen Becher, der auf dem Tische stund, mit wegnahm. Am zweyten Tage kehrten wir bey einem bösen Menschen ein, der uns kaum

eine

eine Ecke in seinem Hause zum Obdach lassen wollte, und der in seinem Hause nichts thate als fluchen und zanken — kurz, der ein recht gottloser Mann war. Bey dem ließ mein Führer den Becher stehen, den er dem guten Mann entwendet hatte. Am dritten Tage trafen wir wieder einen guten, frommen Mann an, der uns alle mögliche Gefälligkeiten erwiese; dem steckte mein Begleiter sein Haus in Brand. Mir schauerte vor der Bosheit. Allein, weil ich den Weg nicht allein finden konnte, muste ich meinem Wegweiser folgen. Dieser führte mich wieder zu einem vortreflichen Manne, der die Gütigkeit selbst war. Mein Begleiter gab vor, er wisse den Weg nicht recht, und unser Wirth schickte seinen eigenen Sohn mit uns, damit wir ja nicht irren möchten. Kaum aber kamen wir auf eine Brücke, so stieß er den Sohn unsers gütigen Wohlthäters in den Strom, daß er ertrank. Diese abscheuliche That, erzählte mein Freund, konnte ich nicht ansehen. O du Ungeheuer! rief ich, ich will lieber in den einsamsten Wüsteneyen irren, als länger mit dir über einen Erdboden gehen, der dich alle Augenblicke zu verschlingen drohet. — Da ich noch redete, umleuchtete mich ein Glanz, und mein Anführer nahm eine fast göttliche Gestalt an. Ich fiel zu Boden. Er aber richtete mich auf und sprach: Lerne die Wege der Vorsicht! Der Becher, den ich gestern nahm, war vergiftet; darum entwendete ich ihn dem Guten, und gab ihm dem Bösen zur Strafe.

Un=

Unter der Asche des Hauses, da ich in Brand steckte, liegt ein Schatz, den der wohlthätige Mann, der uns so gütig aufnahm, finden, und womit er viel gutes stiften wird. Der junge Mensch aber, welchen ich in den Strom stürzte, würde in wenig Jahren seinen Vater ermordet haben, und durch seine Laster die Quaal seiner Mutter geworden seyn. Verehre Gott, und überlasse dich ihm allein."

So erzählte mir mein Freund seinen Traum. Und wenn ihr einmal ein wenig mehr Erfahrung bekommt, so werdet ihr an euch und an andern tausend Beyspiele sehen, wie oft ein anscheinendes Glück, ein wahres Unglück ist; manche Unglücksfälle aber die herrlichsten Wohlthaten Gottes sind.

Sollte aber auch nichts als Unglück über euch verhängt seyn; solltet ihr im Elende sterben müssen; seyd ihr nur ohne eure Schuld unglücklich: so wird euch immer noch ein Trost übrig bleiben, den euch nichts rauben kann. Ich muß euch aus dem heiligen Worte Gottes diesen Trost bekannt machen. Wir sterben nicht — liebste Kinder, wir sterben nie! Wir haben noch eine Welt vor uns, wo wir hingehen, wann wir hier sterben, wo wir aus dem Tode und dem Grabe wieder aufwachen, wo wir ganz glücklich, ohne Krankheit, ohne Schmerzen, ohne allen Mangel, ewig leben werden. Diese Welt hat Gott uns versprochen, wenn wir hier alles thun, was wir können, uns beständig glücklich zu machen. Diese
Welt

Welt ist euer, wenn ihr alles thut, was ich euch gesagt habe, und was euch aus der heiligen Bibel in der Kirche gesagt wird. Die, welche das nicht thun, werden in eine Welt kommen, die noch viel elender ist, als diese, wo wir itzo leben.

Ich wüste von dieser glücklichen Welt nichts, wenn Gott sie mir in seinem Worte nicht bekannt gemacht hätte; aber nun kenn ich sie, nun wünsch ich, verlang ich nichts so eifrig, als bald in diese glückselige Welt versetzt zu werden. Die Hoffnung, dahin zu kommen, war in allem meinem Leiden mein grösster Trost; sie wird mein grösster Trost im Tode seyn; denn ich weiß, und habe das gewisse Vertrauen auf meinen und euren Gott, er wird mich in diese selige Welt setzen, wie sein Wort mir zugesagt hat. — Kinder, ich bin viel älter, als ihr! ich werde bald sterben. — Ach Kinder! könnte ich alsdann nicht auf meinen Gott vertrauen; wüßte ich alsdann nicht, daß er sich meiner annehmen und mir helfen wird, wann ich selbst mir nicht mehr helfen kann, wie elend wär ich!— Aber ich weiß es, so gewiß weiß ich es, als ich jene Sonne am Himmel sehe: und nicht allein das weiß ich, sondern auch das, daß er mich nach meinem Tode vollkommen glücklich machen wird. Dann wird mich keine Krankheit, keine Armuth, keine Feindschaft, keine Verfolgung andrer Menschen mehr drücken: ich werde leben und unendlich glücklicher leben, als alle Könige der Erde mich zu machen im Stande sind.

sind. — So werdet auch ihr künftig leben, Kinder, wenn ihr alles gethan habt, was ihr könnt, euch recht glücklich zu machen; wenn ihr euer Leben und eure Gesundheit so lang erhalten habt, als euch möglich war; wenn ihr verständig gelebt habt; wenn ihr arbeitsam und fleißig gewesen seyd; wenn ihr eurem König und euren Eltern und Vorgesetzten gehorcht habt; wenn ihr gerecht und treu und dienstfertig gegen eure Nebenmenschen gewesen seyd. — Habt ihr alles dieses gethan, und habt ihr dabey auch noch das gethan, was Gott in seinem heiligen Worte von euch fordert; und habt ihr diesem Gott, der alles weiß und sieht, und den ihr nicht betriegen könnt, habt ihr ihm aufrichtig vertraut — o Kinder! dann seyd ihr glücklich, wenn sich auch die ganze Welt bemühte, euch unglücklich zu machen: glücklich, so lang ihr lebt, und nach dem Tod unaufhörlich glücklich!

Laßt mich den Trost in mein Grab mitnehmen, daß ihr alles dieses thun, daß ihr eurem alten Freunde, der euch so treu, so zärtlich liebt, soviel ihr könnt, gehorchen wollt. Wann ich lange todt bin, dann werdet ihr mich nach eurem Tode einmal wiederfinden. Laßt mich dann nicht sehen, daß ihr euch ewig unglücklich gemacht habt. — Dann, Kinder! wenn ihr hier nicht gute Menschen waret, wenn ihr hier nicht alles gethan habt, was ihr konnt, euch glücklich zu machen, dann werdet ihr es gewiß ewig nicht werden.

www.ingramcontent.com/pod-product-compliance
Lightning Source LLC
Chambersburg PA
CBHW030350170426
43202CB00010B/1317